# CIDADANIA, JUSTIÇA E "PACIFICAÇÃO" EM FAVELAS CARIOCAS

Fabiana Luci de Oliveira

# CIDADANIA, JUSTIÇA E "PACIFICAÇÃO" EM FAVELAS CARIOCAS

Fabiana Luci de Oliveira

CENTRO DE JUSTIÇA E SOCIEDADE

Autores convidados
Izabel Saenger Nuñez
Maria Tereza Aina Sadek
Paula Spieler
Tânia Abrão Rangel

**FGV EDITORA**

Copyright © 2014 Fabiana Luci de Oliveira, alguns direitos reservados

Esta obra é licenciada por uma Licença Creative Commons
Atribuição – Uso Não Comercial – Compartilhamento pela mesma Licença, 2.5 Brasil.
"Você pode usar, copiar, compartilhar, distribuir e modificar esta obra, sob as seguintes condições:
1. Você deve dar crédito aos autores originais, da forma especificada pelos autores ou licenciante.
2. Você não pode utilizar esta obra com finalidades comerciais.
3. Se você alterar, transformar, ou criar outra obra com base nesta, você somente poderá distribuir a obra resultante sob uma licença idêntica a esta.
4. Qualquer outro uso, cópia, distribuição ou alteração desta obra que não obedeça os termos previstos nesta licença constituirá infração aos direitos autorais, passível de punição na esfera civil e criminal."
Os termos desta licença também estão disponíveis em: <http://creativecommons.org/licenses/by-nc-sa/2.5/br/>

Direitos desta edição reservados à EDITORA FGV,
conforme ressalva da licença Creative Commons aqui utilizada:
Rua Jornalista Orlando Dantas, 37
22231-010 | Rio de Janeiro, RJ | Brasil
Tels.: 0800-021-7777 | 21-3799-4427
Fax: 21-3799-4430
editora@fgv.br | pedidoseditora@fgv.br
www.fgv.br/editora

Impresso no Brasil | *Printed in Brazil*

*Os conceitos emitidos neste livro são de inteira responsabilidade dos autores.*

PREPARAÇÃO DE ORIGINAIS: Sandra Frank
EDITORAÇÃO ELETRÔNICA: Estudio 513
REVISÃO: Fernanda Mello
PROJETO GRÁFICO DE CAPA: 2abad
IMAGEM DA CAPA: Cantagalo (Rio de Janeiro, RJ). Foto de Joyce Pires.

Ficha catalográfica elaborada pela
Biblioteca Mario Henrique Simonsen

Oliveira, Fabiana Luci de
    Cidadania, justiça e "pacificação" em favelas cariocas / Fabiana Luci de Oliveira.
– Rio de Janeiro: Editora FGV, 2014.
    200 p.: il. (Série CJUS)

    Parceria do Centro de Justiça e Sociedade da FGV Direito Rio com a Fundação Ford, em um projeto intitulado "Mais Justiça e Sociedade".
    Inclui bibliografia e fotografias.
    ISBN: 978-85-225-1646-9.

    1. Acesso à justiça. 2. Favelas. 3. Cidadania. 4. Comunidade – Desenvolvimento. 5. Direitos humanos. 6. Defesa do consumidor – Legislação. I. Fundação Getulio Vargas. II. Título. III. Série.

CDD – 341.46218

# Sumário

**Apresentação**   7
FABIANA LUCI DE OLIVEIRA

**Agradecimentos**   11
FABIANA LUCI DE OLIVEIRA

**CAPÍTULO 1**   13
Mais justiça e cidadania nas favelas cariocas pós-"pacificação"
FABIANA LUCI DE OLIVEIRA

**CAPÍTULO 2**   25
A vida nas favelas
FABIANA LUCI DE OLIVEIRA | IZABEL SAENGER NUÑEZ

**CAPÍTULO 3**   61
Cidadania, cultura jurídica e os direitos do consumidor nas favelas cariocas
FABIANA LUCI DE OLIVEIRA | TÂNIA ABRÃO RANGEL

**CAPÍTULO 4**   89
Direitos humanos para quem? A percepção da população das favelas do Cantagalo, do Vidigal e do Complexo do Alemão acerca do sujeito dos direitos humanos
FABIANA LUCI DE OLIVEIRA | PAULA SPIELER

**CAPÍTULO 5**    111
Conflitos e resolução de litígios nas favelas
do Cantagalo, do Vidigal e do Complexo do Alemão
FABIANA LUCI DE OLIVEIRA | MARIA TEREZA AINA SADEK

**CAPÍTULO 6**    147
Um balanço das UPPs nas favelas do Cantagalo,
do Vidigal e do Complexo do Alemão
FABIANA LUCI DE OLIVEIRA | IZABEL SAENGER NUÑEZ

**EPÍLOGO**    181
Cidadania e justiça nas favelas pós-"pacificação"
FABIANA LUCI DE OLIVEIRA

Fotos    185

Autoras    199

# Apresentação

FABIANA LUCI DE OLIVEIRA

Este livro é resultado de uma parceria do Centro de Justiça e Sociedade, da FGV Direito Rio, com a Fundação Ford, em um projeto intitulado "Mais Justiça e Sociedade", coordenado por mim entre os anos de 2010 e 2013, com o objetivo de realizar um diagnóstico empírico da condição do exercício da cidadania nas favelas do Rio de Janeiro no que se refere a uma dimensão específica da cidadania, que é o acesso à justiça.

Os primeiros resultados do projeto, referentes à pesquisa realizada nas favelas do Cantagalo e do Vidigal, ambas na Zona Sul do Rio de Janeiro, entre os anos de 2010 e 2011, foram publicados no livro *UPPs, direitos e justiça: um estudo de caso das favelas do Vidigal e do Cantagalo*.[1]

*Cidadania, justiça e "pacificação" em favelas cariocas* dá continuidade à primeira publicação, com base nos resultados de pesquisa realizada entre 2012 e 2013, acrescentando às favelas do Cantagalo e do Vidigal, seis comunidades do Complexo do Alemão que integram a UPP Fazendinha (Palmeirinha, Vila Matinha, Casinhas, Parque Alvorada, Relicário e Morro das Palmeiras), na Zona Norte da cidade.

---

[1] OLIVEIRA, Fabiana Luci de. *UPPs, direitos e justiça*: um estudo de caso das favelas do Vidigal e do Cantagalo. Rio de Janeiro: FGV, 2012.

O primeiro capítulo, "Mais justiça e cidadania nas favelas cariocas pós--'pacificação'", contextualiza a pesquisa e seus objetivos e traz os detalhes da metodologia aplicada ao longo deste estudo.

O segundo capítulo, "A vida nas favelas", em coautoria com Izabel Saenger Nuñez, busca retratar quem são os moradores das favelas estudadas, como eles negociam suas identidades e como percebem a sociabilidade nessas favelas. Traz também a perspectiva dos moradores acerca dos aspectos positivos e negativos de morar nessas localidades, constatando que o problema de infraestrutura e urbanização ainda é premente. A dimensão de acesso à justiça abordada no capítulo é a do acesso à cidade e aos equipamentos urbanos, focando nos impactos que as UPPs trouxeram, na visão dos moradores, em termos de segurança, desenvolvimento econômico e social, e da cisão favela × bairro, concluindo que, embora no plano formal tenha havido a ruptura dessa dualidade, no aspecto simbólico e social a cidade segue partida.

"Cidadania, cultura jurídica e os direitos do consumidor nas favelas cariocas", terceiro capítulo, em coautoria com Tânia Rangel, traz o repertório legal e a cultura jurídica dos moradores dessas favelas, verificando que o desconhecimento de direitos, e das instituições a que se pode recorrer para fazer valer esses direitos, ainda é grande, estando distante a realização da cidadania plena, mesmo na área de inclusão mais imediata, que é a via do consumo.

O quarto capítulo, "Direitos humanos para quem? A percepção da população das favelas do Cantagalo, do Vidigal e do Complexo do Alemão acerca do sujeito dos direitos humanos", em coautoria com Paula Spieler, foca na percepção dos direitos humanos e em como os moradores das favelas se veem nesse discurso. A conclusão é de que há um círculo vicioso no acesso aos mecanismos de proteção dos direitos humanos, em que os socialmente excluídos não têm seus direitos humanos assegurados e não conhecem seus direitos e os mecanismos para sua proteção. Como consequência, não podem reivindicar essa proteção e, assim, continuam sem ter seus direitos garantidos. Os resultados da pesquisa mostram que, enquanto há um senso comum que afirma que os direitos humanos são um discurso para proteger direitos de bandidos, os moradores das favelas, muitas vezes tachados de bandidos em potencial, não se veem protegidos por esses direitos, afirmando que direitos humanos são para os ricos e para os políticos.

O quinto capítulo, "Conflitos e resolução de litígios nas favelas do Cantagalo, do Vidigal e do Complexo do Alemão", em coautoria com Maria Tereza Aina Sadek, volta-se à compreensão de como se tem dado o acesso à justiça entre os moradores das favelas estudadas, focando na dimensão da vivência de conflitos, identificando os tipos de problemas mais comuns e as formas de gestão e resolução adotadas, dando especial atenção à busca ou não das instituições formais de justiça. O argumento geral é de que fatores materiais e simbólicos, como senso de direito ou sentimentos de impotência e vergonha, assim como conhecimento, percepções e experiências com as instituições de justiça desempenham papel central no estabelecimento de padrões estratificados de ação e inação quando os moradores das favelas vivenciam situações potenciais de conflito.

O sexto capítulo, "Um balanço das UPPs nas favelas do Cantagalo, do Vidigal e do Complexo do Alemão", em coautoria com Izabel Saenger Nuñez, é dedicado à percepção dos moradores acerca dos aspectos positivos e negativos da convivência diária com a polícia bem como da política de pacificação. A conclusão é a de que, embora as UPPs estejam cumprindo em alguma medida a promessa de devolver a paz aos moradores, trazendo maior previsibilidade ao cotidiano das favelas, ela tem gerado novos conflitos. E no que se refere a propiciar o exercício pleno da cidadania, ainda há um longo caminho a ser percorrido.

Fechando a publicação, há um caderno de fotos produzidas por fotógrafos moradores das favelas estudadas, trazendo um olhar sobre a rotina nessas localidades após a vinda das UPPs. As fotos foram tiradas no ano de 2013 por Luiz Felipe Marques Paiva (Vidigal), Michelle Beff Liberato (Complexo do Alemão) e Joyce Pires (Cantagalo).

O livro que segue traz a conclusão do projeto "Mais Justiça e Sociedade", desenhando um retrato analítico do exercício da cidadania nas favelas do Cantagalo, do Vidigal e do Complexo do Alemão (UPP Fazendinha), nos anos de 2012 e 2013.

# Agradecimentos

FABIANA LUCI DE OLIVEIRA

Muitas pessoas colaboraram com a execução do projeto, e gostaria aqui de agradecer a todas. Em primeiro lugar, aos moradores das favelas estudadas que nos receberam nas visitas de campo e entrevistas, sempre dispostos a cooperar. E a todos os nossos entrevistados de instituições e entidades que atuam nessas favelas, como ONGs, associações de moradores, UPPs, entre outros — não os nomeamos aqui um a um por uma questão de privacidade e confidencialidade.

À Fundação Ford, em especial Nilcéia Freire e Letícia Osório, por acreditarem no projeto e viabilizarem sua extensão numa segunda etapa que resultou nesta publicação. À FGV Direito Rio, em especial aos professores Joaquim Falcão e Sérgio Guerra, pela confiança em meu trabalho e por acolherem a pesquisa no Centro de Justiça e Sociedade (CJUS).

E a toda equipe que trabalhou na concretização deste livro: Maria Tereza Sadek, mentora do projeto, por sua parceria e colaboração em todas as etapas da pesquisa; Izabel Nuñez, por sua dedicação e cumplicidade ao longo dos últimos três anos em campo; Paula Spieler e Tânia Rangel, por sua contribuição na discussão e análise dos resultados.

É com grande satisfação que entregamos *Cidadania, justiça e "pacificação" em favelas cariocas*, concluindo o projeto "Mais Justiça e Sociedade", esperando contribuir para avaliar e repensar o caminho das políticas públicas que vêm sendo implementadas nas favelas cariocas e a forma de estudar o tema do acesso à justiça nestes territórios.

CAPÍTULO 1
# Mais justiça e cidadania nas favelas cariocas pós-"pacificação"

FABIANA LUCI DE OLIVEIRA

Convém retomar aqui alguns conceitos e pressupostos que orientaram a pesquisa "Mais Justiça e Sociedade" desde seu início, e também as escolhas metodológicas que foram sendo feitas ao longo de seu desenvolvimento.

O projeto nasceu de inquietação originada na leitura de diagnósticos de âmbito nacional[1] que demonstram uma forte correlação entre fatores socioeconômicos (especialmente renda e escolaridade) e acesso à justiça. O Brasil, país tão desigual em termos econômicos e sociais, é também desigual em termos de acesso à justiça, sendo os brasileiros de renda e escolaridade baixas os mais excluídos do sistema de justiça formal.

Pobreza e falta de acesso à educação implicam lacunas no acesso aos serviços de justiça, mas não extinguem conflitos e demandas por justiça. Assim, a pesquisa se voltou para o detalhamento das demandas por justiça entre a

---

[1] INSTITUTO BRASILEIRO DE GEOGRAFIA E ESTATÍSTICA (IBGE). *Pesquisa Nacional por Amostra de Domicílios (Pnad)*: características da vitimização e do acesso à justiça no Brasil. Rio de Janeiro: IBGE, 2009; INSTITUTO DE PESQUISA ECONÔMICA E APLICADA (IPEA). *Indicadores socioeconômicos e a litigiosidade*. Brasília, DF: Ipea, 2009; INSTITUTO DE PESQUISA ECONÔMICA E APLICADA (IPEA). *Sistema de indicadores de percepção social*: justiça. Brasília, DF: Ipea, 2011; CUNHA, Luciana Gross et al. *Índice de Confiança na Justiça Brasileira (ICJBrasil)*: relatório 1º sem. 2013. São Paulo: FGV, 2013. Disponível em: <http://hdl.handle.net/10438/11220>. Acesso em: ago. 2014; MINISTÉRIO DA JUSTIÇA (MJ). Secretaria de Reforma do Judiciário. *Atlas de acesso à justiça*: indicadores nacionais de acesso à justiça. Brasília, DF: MJ, 2013.

população socialmente mais excluída, tendo como objetivo mapear os tipos de conflitos vivenciados e as formas de gestão e resolução adotadas.

A concepção de justiça que informa a pesquisa engloba o sentido processual (*procedural justice,* referindo-se ao acesso à assistência jurídica e aos processos legais formais) e o sentido substantivo (*substantive justice,* que implica o acesso a uma resolução justa de disputas legais e problemas sociais, por meios idôneos, que não necessariamente a justiça formal),[2] considerando não apenas acesso à justiça formal, mas também o conhecimento e a percepção subjetiva acerca de direitos e das instituições e vias de garantia destes direitos.

A opção metodológica foi pelo estudo de caso, e o desenho da pesquisa se deu a partir da abordagem multimétodo, buscando dados qualitativos e quantitativos para discutir percepções, atitudes, necessidades, interesses e experiências das pessoas no que se refere ao acesso à justiça.

Nosso olhar se voltou para as favelas por serem secularmente identificadas como territórios de exclusão social, desorganização e pobreza urbana, retratadas como problema sanitário, estético, social e policial.[3] As favelas trazem diversos elementos de privação e estigmatização para além dos fatores econômico-sociais que, no caso do Rio de Janeiro, vêm alimentando a dualidade do imaginário social nas oposições morro (favela) × asfalto; cidade formal × informal; legal × ilegal, e as metáforas da cidade partida[4] e da guerra.

Entre esses elementos estão a insegurança na posse da moradia, a violência gerada pelos grupos armados que controlam o território, sejam eles o tráfico ou as milícias, a violência da repressão policial e a consequente criminalização dos moradores das favelas, tidos como "marginais" ou coniventes com o crime. A favela tem sido vista como avesso do urbano, como antítese do ideal de cidade,[5] e a seus moradores tem sido negado o direito de serem cidadãos, o

---

[2] RHODE, D. L. Access to justice: an agenda for legal education and research. *Journal of Legal Education*, Los Angeles, CA, v. 62, n. 4, p. 531-550, 2013.
[3] ZALUAR, Alba; ALVITO, Marcos. *Um século de favela*. Rio de Janeiro: FGV, 1998; VALLADARES, Licia do Prado. *A invenção da favela*: do mito de origem a favela.com. Rio de Janeiro: FGV, 2005.
[4] VENTURA, Zuenir. *A cidade partida*. São Paulo: Companhia das Letras, 1994.
[5] BURGOS, Marcelo Baumann. Favela: uma forma de luta pelo direito à cidade. In: MELLO, Marco Antonio da Silva et al. *Favelas cariocas ontem e hoje*. Rio de Janeiro: Garamond, 2012. p. 273-292.

direito de terem direitos, estando esses territórios e seus moradores às margens do Estado e da cidade.⁶

Já na década de 1970 Boaventura de Sousa Santos⁷ documentava as dificuldades de acesso à justiça enfrentadas por moradores da favela carioca do Jacarezinho, e como essas dificuldades levavam à existência de uma pluralidade jurídica, com as regras de um direito local convivendo com o direito estatal na forma de os moradores resolverem seus conflitos. Passadas mais de quatro décadas desde a descrição da realidade de "Passárgada", como estariam as favelas cariocas hoje, após inúmeras intervenções e políticas públicas destinadas a esses territórios? Como pontuam Moreira e Cittadino:

> Mesmo com todas as suas imperfeições, ao longo da história desta cidade, não resta dúvida de que o Estado nunca esteve tão presente nas favelas como nos dias atuais. Favela-Bairro, PAC, UPPs e UPP Social são alguns dos projetos financiados com verba pública que acontecem hoje no intuito de incorporar a favela ao restante da cidade.⁸

Mas, uma vez que o censo de 2010 (IBGE) contabilizava, apenas na cidade do Rio de Janeiro, a existência de 763 favelas, e dados os recursos humanos e financeiros limitados inerentes a um projeto de pesquisa, quais delas estudar?

Recorrendo à bibliografia que trata da temática do acesso à justiça,⁹ vemos que uma das dimensões que ajudam a explicar acesso é a localização, mais especificamente, a proximidade com os equipamentos de justiça. E como no Rio de

---

⁶ FELTRAN, Gabriel de Santis. *Fronteiras de tensão*: política e violência nas periferias de São Paulo. São Paulo: Unesp, 2011.
⁷ SANTOS, Boaventura de Sousa. The law of the oppressed: the construction and reproduction of legality in Pasargada. *Law and Society Review*, Salt Lake City, v. 12, n. 1, p. 5-126, 1977.
⁸ MOREIRA, Rafaela Selem; CITTADINO, Gisele. Acesso individual e coletivo de moradores de favelas à justiça. *Revista Brasileira de Ciências Sociais*, São Paulo, v. 28, n. 81, p. 38, 2013.
⁹ Além dos estudos do IBGE, do Ipea e da FGV já citados, as principais referências no que se refere ao acesso à justiça são: SADEK, Maria Tereza A. Acesso à justiça: visão da sociedade. *Justitia*, São Paulo, v. 1, p. 271-280, 2009; CARLIN, J.; HOWARD, J. Legal representation and class justice, *UCLA Law Review*, Los Angeles, CA, v. 12, p. 381-487, 1965; SANDEFUR, Rebecca L. Access to civil justice and race, class, and gender inequality. *Annual Review of Sociology*, Palo Alto, CA, v. 34, p. 339-358, 2008; GENN, Hazel G.; PATTERSON, Alan. *Paths to justice Scotland*: what people in Scotland think and do about going to Law. Portland, OR: Hart Publishing, 2001; CAPPELLETTI, Mauro; GARTH, Bryant. *Acesso à justiça*. Porto Alegre: Fabris, 1988; RHODE, D. L. "Access to justice: an agenda for legal education and research", 2013, op. cit., p. 531-550; SINHORETTO, Jacqueline. *A justiça perto do povo*: reforma e gestão de conflitos. São Paulo: Alameda, 2011.

Janeiro a maioria desses equipamentos se encontra na região central e na Zona Sul da cidade, a opção foi, num primeiro momento, escolher favelas situadas na Zona Sul, e num segundo momento acrescentar, como contraponto, uma favela localizada na Zona Norte da cidade.

Outro fator que orientou a escolha dos casos a serem estudados foi a política de policiamento comunitário, com as Unidades de Polícia Pacificadora (UPPs). A política das UPPs se baseia em três pilares oficiais: (i) recuperação do território; (ii) aproximação entre população e polícia; e (iii) fortalecimento de políticas sociais. E ao promover a intervenção no território, visando garantir segurança aos moradores, e à cidade como um todo, a UPP se constituiria como etapa antecedente e essencial para possibilitar o acesso aos demais direitos relacionados à cidadania. Com isso, seu potencial impacto na percepção, nos hábitos e nas atitudes dos moradores com relação à existência e à efetivação de direitos não pode ser ignorado.

Para tanto se tornava necessário olhar para favelas com e sem UPP, preferencialmente conseguindo observar uma mesma localidade antes e depois da implementação dessa política pública de segurança. Isso foi conseguido com o caso da favela do Vidigal, que no início da pesquisa, em 2010, ainda não tinha UPP, sendo a unidade inaugurada na localidade em 18 de janeiro de 2012. Neste livro apresentamos a comparação entre o antes e o depois da UPP na favela do Vidigal, a partir das percepções dos seus moradores.

Os outros dois casos escolhidos foram a favela do Cantagalo, num primeiro momento, expandindo o olhar, num segundo momento, para as áreas do Complexo do Alemão, situadas na UPP Fazendinha.

É fundamental frisar que a UPP não é nosso objeto de estudo, mas faz parte do contexto que analisamos. E pacificação aparece no título do livro entre aspas em virtude da crítica ao termo por sua vinculação à lógica da guerra e à lógica do Estado de lidar com as favelas a partir de políticas de controle e repressão dos moradores desses territórios. O termo "pacificação" reforça a representação já arraigada no imaginário social carioca das favelas como locais de perigo, bagunça, desordem, e de seus moradores como "vagabundos ou criminosos". Assim, a pacificação se apresentaria como uma "iniciativa civilizadora", como bem-pontuado nas críticas de Leite, Cunha e Mello, Silva e Leite.[10] O uso do termo pacificação reforçaria a tese de que "a favela precisa ser controlada e pacificada para que se possa pensar em intervenções urbanas", utilizando as palavras de Burgos.[11] Não negamos aqui o potencial transformador positivo da UPP, mas utilizamos com cautela o conceito de pacificação.

Selecionados os casos para estudo, partimos para a abordagem do nosso objeto, que é o acesso à justiça.

Interessava-nos conhecer o que os moradores dessas favelas sabem sobre direitos; que tipo de conflitos, desentendimentos e problemas vivenciam; como gerem esses conflitos e desentendimentos (o que fazem, a quem recorrem, como avaliam o desenrolar da busca por solução etc.) e, nesse processo, se, como e em que medida se relacionam com as instituições formais de justiça.

Essa abordagem, como já frisado, dá-se em meio às intensas transformações por que passam essas favelas no contexto do Rio de Janeiro. Assim como Moreira e Cittadino se propuseram a responder se a maior "presença estatal nas favelas se traduz na democratização do acesso aos direitos",[12] aqui buscamos entender a dinâmica do acesso à justiça nas favelas nesse contexto de intervenção estatal, mas o fizemos com base em metodologias diferentes. Enquanto Moreira e Cittadino analisaram processos judiciais de autoria de moradores das favelas cariocas a partir do sítio do Tribunal de Justiça do Rio de Janeiro, incluindo também processos que discutem o "fenômeno favela", mesmo sem ser de autoria dos seus moradores, aqui nos valemos da combinação de métodos quantitativos e qualitativos, via condução de grupos focais, entrevistas com roteiro semiestruturado, observação e levantamento quantitativo a partir de questionário estruturado (*survey*).

---

[10] LEITE, Márcia Pereira. Da metáfora da guerra ao projeto de pacificação: favelas e políticas de segurança pública no Rio de Janeiro. *Revista Brasileira de Segurança Pública*, São Paulo, v. 6, n. 2, p. 374-388, 2012; CUNHA, Neiva Vieira da; MELLO, Marco Antonio da Silva. Novos conflitos na cidade: a UPP e o processo de urbanização na favela. *Dilemas*, Rio de Janeiro, v. 4, n. 3, p. 371-401, 2011; SILVA, Luiz Antonio Machado da; LEITE, Márcia Pereira. Violência, crime e polícia: o que os favelados dizem quando falam desses temas. In: SILVA, Luiz Antonio Machado da (Org.). *Vida sob cerco*: violência e rotina nas favelas do Rio de Janeiro. Rio de Janeiro: Nova Fronteira, 2008. p. 47-76.
[11] BURGOS, Marcelo Baumann. "Favela: uma forma de luta pelo direito à cidade", 2012, op. cit., p. 383.
[12] MOREIRA, Rafaela Selem; CITTADINO, Gisele. "Acesso individual e coletivo de moradores de favelas à justiça", 2013, op. cit., p. 38.

A implementação empírica da nossa pesquisa partiu do questionamento da melhor forma de mensurar acesso à justiça nas favelas. E para isso nos apoiamos, inicialmente, nos diagnósticos nacionais já referidos (do IBGE, do Ipea e da FGV), e na forma como mensuram o acesso à justiça, mas fomos além, uma vez que nesses diagnósticos o que está sendo mensurado é mais a incidência e o processamento de demandas "justiciáveis" (aquelas passíveis de serem submetidas a um processamento legal) do que o acesso à justiça numa dimensão ampla de cidadania.

Esses diagnósticos seguem, em alguma medida, a forma mais usual de mensurar acesso à justiça, que é a documentação, via *survey*, da incidência de uma lista de problemas identificados como legais, perguntando aos entrevistados se passaram por essas situações e de que forma buscaram gerenciá-las e resolvê-las. A principal crítica a essa abordagem é com relação ao tipo de problema comumente listado pelos pesquisadores, que impõe um viés valorativo e mesmo de classe, enfocando problemas estritamente tradicionais, mais comuns a um público de classe média, e que são usualmente levados a advogados privados — supondo, portanto, que o recurso a advogados e à justiça formal é a melhor solução para os problemas.[13]

Como lembram Genn e Patterson, a afirmação de que determinado problema é um problema jurídico não é uma declaração de fato, mas um juízo de valor subjetivo.[14] Tal abordagem captaria, portanto, apenas o sentido processual de acesso à justiça, ignorando o sentido substantivo, e a dimensão mais ampla que nos interessa aqui, de acesso à justiça como condição para o pleno exercício da cidadania.

Seguindo essa crítica, antes de proceder ao *survey* e à escolha dos problemas e conflitos a serem explorados, conduzimos entrevistas qualitativas e grupos focais com moradores das favelas (primeira etapa da pesquisa, entre 2010 e 2011) para entender a dinâmica dos conflitos por eles vivenciados, com o intuito de posteriormente, via *survey*, mapear os eventos e circunstâncias que os moradores dessas favelas percebem como pessoalmente prejudi-

---

[13] Cf. GENN, Hazel G.; PATTERSON, Alan. *Paths to justice Scotland*, 2001, op. cit., p. 11.
[14] Ibid., p. 4.

ciais, atribuindo sua ocorrência a alguma outra parte (assim como as formas de gestão desses problemas).

Seguimos aqui a linha de argumentação de Felstiner, Abel e Sarat, de que a existência de uma disputa ou conflito implica um percurso lógico de pelo menos três etapas: o reconhecimento de que determinado tipo de evento é prejudicial (nomear); a identificação do evento como uma queixa em relação à qual outro é responsável (culpar); e o confronto com o responsável como denúncia (reivindicar).[15]

Nessa lógica, se a reivindicação de reparação do dano não for satisfatória, ou seja, se a resposta do responsável deixar de proporcionar a satisfação do reclamante, é preciso haver a possibilidade de busca e acesso a uma solução através da justiça formal ou outro terceiro idôneo; caso contrário verifica-se um problema de acesso à justiça. Portanto, desenvolvemos instrumentos capazes de apreender os conflitos dentro desse percurso "nomear, culpar, reivindicar" (no original, *naming, blaming and claming*).

O aprendizado trazido pela primeira etapa da pesquisa (2010-2011) também orientou algumas modificações de abordagem nessa segunda etapa aqui publicada (2012-2013), especialmente no que se refere às perguntas direcionadas aos moradores e às temáticas a serem abordadas — duas importantes inclusões foram o conhecimento e a visão que têm acerca dos direitos do consumidor e dos direitos humanos.

Embora o acesso à justiça e o relacionamento com as instituições de justiça (estatais e não estatais) sejam objeto central do estudo, interessa-nos mensurar uma série de percepções, hábitos e atitudes dos moradores com relação às noções de direitos. Assim, trabalhamos com cinco eixos temáticos, abordando diferentes dimensões da cidadania como acesso à justiça: (1) qualidade de vida (ou seja, como é viver nessas favelas, atentando para os aspectos positivos e negativos dessas localidades); (2) conhecimento de direitos, meios e instituições para resolução de conflitos (bloco temático focado nos direitos humanos e nos direitos do consumidor); (3) vivência de conflitos (tipologia) e formas de

---

[15] FELSTINER, W. L. F.; ABEL, R. L.; SARAT, A. The emergence and transformation of disputes: naming, blaming, claiming. *Law and Society Review*, Salt Lake City, v. 15, p. 631-654, 1980.

resolução adotadas; (4) conhecimento e experiência com o Judiciário e outras instituições formais de justiça; e (5) segurança e UPPs.

Esses cinco eixos foram articulados em uma análise que busca retratar e entender a situação do exercício de cidadania nas favelas do Cantagalo, do Vidigal e da Fazendinha, no que se refere ao acesso à justiça, na concepção já enfatizada, referindo-se à capacidade que seus moradores têm de reconhecer e exercer seus direitos e de buscar e obter soluções idôneas de conflitos, seja por meio de instituições formais de justiça ou informais, obtendo resultados individual e socialmente justos (na concepção de Capelletti e Garth),[16] e respeitando os princípios dos direitos humanos.

Os resultados da pesquisa trazem o retrato de uma cidadania ainda incompleta, ou subcidadania.[17] A UPP parece não alterar essa situação, seja porque o conhecimento de direitos e das instituições de justiça ainda é baixo, seja porque o acesso aos serviços públicos, à moradia e aos equipamentos urbanos ainda é precário em sua grande maioria. Mas essa política pública de segurança certamente teve impactos positivos a partir do momento em que retira a barreira do medo, melhora o estigma da favela como lócus de violência e melhora, ainda, a autoestima do morador, trazendo condições para que outras políticas públicas possam ser implementadas no sentido de efetivação de direitos. Mas somente pela via da educação formal e da educação para os direitos é que se poderá modificar esse retrato de cidadania incompleta.

Os moradores dessas favelas querem mais justiça, mais urbanização, mais educação, mais saúde, mais direitos garantidos, mais Estado. Enfim, cidadania.

## Nota sobre a metodologia empregada na pesquisa

O livro tem como fonte de informações, além de extensa revisão da bibliografia de referência e dados comparativos da primeira rodada da pesquisa entre 2010 e

---

[16] CAPPELLETTI, Mauro; GARTH, Bryant. *Acesso à justiça*, 1988, op. cit., p. 6.
[17] SOUZA, Jessé. *A construção social da subcidadania*: para uma sociologia política da modernidade periférica. Belo Horizonte: UFMG, 2003.

2011, rica pesquisa de dados primários, que foram gerados, como já mencionado, a partir de métodos quantitativos e qualitativos empregados entre 2012 e 2013.

Na etapa qualitativa da pesquisa, contei com a colaboração de Izabel Saenger Nuñez na realização de pesquisa de campo e nas entrevistas semiestruturadas. Na etapa quantitativa, optamos por inovar em relação à pesquisa anterior, e trabalhar com moradores das próprias favelas como aplicadores dos questionários, recrutando aqueles com experiência prévia na aplicação do Censo 2010 nas favelas cariocas.

Essa colaboração trouxe vantagens na execução do campo, especialmente pelo conhecimento e facilidade na mobilidade dos entrevistadores para localizarem os endereços, na linguagem mais próxima aos moradores e na menor recusa dos moradores em participar da pesquisa de maneira geral. Mas trouxe também desvantagens, com potenciais vieses, especialmente no caso de perguntas sensíveis, como a violência doméstica e conflitos de vizinhança. O início do campo se deu no Cantagalo, e ali notamos uma taxa de recusa maior entre os entrevistadores comparados às entrevistadoras. Com isso optamos por fazer ajustes na alocação de entrevistadores também por gênero, com os homens entrevistando apenas homens. Nas demais favelas não tivemos esse problema, por trabalharmos apenas com entrevistadoras.

Foram tomados outros cuidados para que a interferência dos entrevistadores locais fosse mínima, notadamente na alocação de entrevistas em áreas diferentes das quais os entrevistadores residiam nas favelas. Mas ainda assim é preciso reconhecer os impactos de tal escolha, devendo os dados quantitativos oriundos das perguntas mais sensíveis ser lidos com cautela, sendo melhor compreendidos a partir das entrevistas qualitativas.

Nesta segunda etapa da pesquisa conduzimos 16 entrevistas semiestruturadas com (1) líderes comunitários e presidentes das associações de moradores; (2) ONGs que atuam nas três favelas estudadas — como Educap, Genos, Academia de Boxe etc.; (3) agentes públicos (policiais da UPP); (4) defensores públicos; e (5) governo (IPP, Iterj) — além de conversas com moradores nas visitas de campo.

Os eixos centrais de abordagem nas entrevistas qualitativas se mantiveram os mesmos da primeira rodada da pesquisa: (1) descrição da comunidade em termos de infraestrutura e equipamentos públicos de serviços e mobiliário urbano, assim como atuação de ONGs e movimentos sociais; (2) principais problemas e conflitos que a comunidade e os moradores enfrentam e os mecanismos de solução para tais conflitos; (3) percepções sobre conhecimento e respeito aos direitos e cidadania; (4) conhecimento e acesso às instituições de justiça formal — Defensoria Pública, Judiciário, Ministério Público etc.; e (5) percepções sobre a UPP no sentido de impactos para a favela e para a vida dos moradores.

A amostra do levantamento quantitativo (*survey*) foi desenhada para atingir 400 entrevistas em cada uma das favelas, num total de 1.200 entrevistas. Ao final do campo, fechamos com 412 entrevistas no Cantagalo; 401 no Vidigal e 410 na Fazendinha, das quais aproveitamos 1.220.

O tamanho da amostra foi determinado considerando uma margem de erro máxima de 3,5 pontos percentuais no total (intervalo de confiança de 95%), para mais e para menos. Os entrevistados foram selecionados a partir do local de sua residência, procurando cobrir as diversas áreas das comunidades e respeitando a distribuição de gênero, escolaridade e faixa etária de acordo com os dados do censo 2000[18] — respeitando os mesmos critérios amostrais do primeiro *survey*.

O questionário atual sofreu algumas alterações pontuais comparado ao questionário da primeira rodada da pesquisa, sendo organizado em torno de 10 eixos: (1) caracterização socioeconômica e demográfica dos entrevistados (gênero, idade, escolaridade, estado civil etc.); (2) caracterização do domicílio (situação jurídica, saneamento etc.); (3) percepção das condições de moradia; (4) conhecimento e percepção de direitos; (5) conhecimento dos meios e instituições de garantia dos direitos e resolução de conflitos, com foco nos direitos do consumidor e nos direitos humanos; (6) vivência de situações de conflitos e formas de resolução adotadas; (7) familiaridade, percepção, utilização e satisfação com relação às ins-

---

[18] A adoção do censo 2000 para a definição das cotas, apesar da existência dos resultados do censo 2010, deveu-se ao fato de que, neste último, a pergunta sobre níveis de escolaridade foi retirada do censo universo, permanecendo apenas no censo amostra. Todavia, como as UPPs presentes na pesquisa se encontram no nível amostral de "área de ponderação (AP)", não havia dados de acesso público sobre escolaridade para esse nível amostral. Para não perdermos o critério de escolaridade no desenho da amostra, optamos por manter como referência o censo universo de 2000, ainda que haja defasagem no perfil de escolaridade considerando o intervalo de 10 anos.

tituições formais de justiça; (8) percepção sobre direito à moradia; (9) percepção sobre segurança; e (10) percepção e avaliação acerca da UPP.

Lembramos que na primeira rodada da pesquisa tivemos problemas de mobilidade interna no Vidigal na realização do *survey*, devido às restrições impostas aos pesquisadores em relação aos locais e horários nos quais podiam circular. Nessa segunda rodada da pesquisa, não verificamos esse tipo de ocorrência.

## Referências

BURGOS, Marcelo Baumann. Favela: uma forma de luta pelo direito à cidade. In: MELLO, Marco Antonio da Silva et al. *Favelas cariocas ontem e hoje*. Rio de Janeiro: Garamond, 2012. p. 273-292.

CAPPELLETTI, Mauro; GARTH, Bryant. *Acesso à justiça*. Porto Alegre: Fabris, 1988.

CARLIN, J.; HOWARD, J. Legal representation and class justice. *UCLA Law Review*, Los Angeles, CA, v. 12, p. 381-487, 1965.

CUNHA, Luciana Gross et al. Índice de Confiança na Justiça Brasileira (*ICJBrasil*): relatório 1º sem. 2013. São Paulo: FGV, 2013. Disponível em: <http://hdl.handle.net/10438/11220>. Acesso em: ago. 2014.

CUNHA, Neiva Vieira da; MELLO, Marco Antonio da Silva. Novos conflitos na cidade: a UPP e o processo de urbanização na favela. *Dilemas*, Rio de Janeiro, v. 4, n. 3, p. 371-401, 2011.

FELSTINER, W. L. F.; ABEL, R. L.; SARAT, A. The emergence and transformation of disputes: naming, blaming, claiming. *Law and Society Review*, Salt Lake City, v. 15, p. 631-654, 1980.

FELTRAN, Gabriel de Santis. *Fronteiras de tensão*: política e violência nas periferias de São Paulo. São Paulo: Unesp, 2011.

GENN, Hazel G.; PATTERSON, Alan. *Paths to justice Scotland*: what people in Scotland think and do about going to Law. Portland, OR: Hart Publishing, 2001.

INSTITUTO BRASILEIRO DE GEOGRAFIA E ESTATÍSTICA (IBGE). *Pesquisa Nacional por Amostra de Domicílios*: características da vitimização e do acesso à justiça no Brasil, 2009. Rio de Janeiro: IBGE, 2009.

INSTITUTO DE PESQUISA ECONÔMICA E APLICADA (IPEA). *Indicadores socioeconômicos e a litigiosidade*. Brasília, DF: Ipea, 2009.

_____. *Sistema de indicadores de percepção social*: justiça. Brasília, DF: Ipea, 2011.

LEITE, Márcia Pereira. Da metáfora da guerra ao projeto de pacificação: favelas e políticas de segurança pública no Rio de Janeiro. *Revista Brasileira de Segurança Pública*, São Paulo, v. 6, n. 2, p. 374-388, 2012.

MINISTÉRIO DA JUSTIÇA (MJ). Secretaria de Reforma do Judiciário. *Atlas de acesso à justiça*: indicadores nacionais de acesso à justiça. Brasília, DF: MJ, 2013.

MOREIRA, Rafaela Selem; CITTADINO, Gisele. Acesso individual e coletivo de moradores de favelas à justiça. *Revista Brasileira de Ciências Sociais*, São Paulo, v. 28, n. 81, p. 33-48, 2013.

RHODE, D. L. Access to justice: an agenda for legal education and research. *Journal of Legal Education*, Los Angeles, CA, v. 62, n. 4, p. 531-550, 2013.

SADEK, Maria Tereza A. Acesso à justiça: visão da sociedade. *Justitia*, São Paulo, v. 1, p. 271-280, 2009.

SANDEFUR, Rebecca L. Access to civil justice and race, class, and gender inequality. *Annual Review of Sociology*, Palo Alto, CA, v. 34, p. 339-358, 2008.

SANTOS, Boaventura de Sousa. The law of the oppressed: the construction and reproduction of legality in Pasargada. *Law and Society Review*, Salt Lake City, v. 12, n. 1, p. 5-126, 1977.

SILVA, Luiz Antonio Machado da; LEITE, Márcia Pereira. Violência, crime e polícia: o que os favelados dizem quando falam desses temas. In: SILVA, Luiz Antonio Machado da (Org.). *Vida sob cerco*: violência e rotina nas favelas do Rio de Janeiro. Rio de Janeiro: Nova Fronteira, 2008. p. 47-76.

SINHORETTO, Jacqueline. *A justiça perto do povo*: reforma e gestão de conflitos. São Paulo: Alameda, 2011.

SOUZA, Jessé. *A construção social da subcidadania*: para uma sociologia política da modernidade periférica. Belo Horizonte: UFMG, 2003.

VALLADARES, Licia do Prado. *A invenção da favela*: do mito de origem a favela.com. Rio de Janeiro: FGV, 2005.

VENTURA, Zuenir. *A cidade partida*. São Paulo: Companhia das Letras, 1994.

ZALUAR, Alba; ALVITO, Marcos. *Um século de favela*. Rio de Janeiro: FGV, 1998.

## CAPÍTULO 2
## A vida nas favelas

FABIANA LUCI DE OLIVEIRA

IZABEL SAENGER NUÑEZ

*A favela, nunca foi reduto de marginal*
*Ela só tem gente humilde marginalizada*
*e essa verdade não sai no jornal*
*Sim mas eu sou favela*
*Posso falar de cadeira*
*Minha gente é trabalhadeira*
*Nunca teve assistência social*
*Ela só vive lá*
*Porque para o pobre, não tem outro jeito*
*Apenas só tem o direito*
*A um salário de fome e uma vida normal.*
*A favela é um problema social*
*(Noca da Portela e Sérgio Mosca)*

"Eu sou favela", cantada nos anos 1990 por Bezerra da Silva, morador do "morro do Galo", retrata com literalidade a luta dos moradores das favelas contra os estereótipos e estigmas a que esses territórios sempre estiveram sujeitos, trazendo a oposição central "bandido × trabalhador",[1] que identifica o favelado como criminoso em potencial,[2] e a visão de marginalidade não como criminalidade, mas como exclusão social. Retrata o sentimento de abandono desses moradores pelo Estado e a negação dos seus direitos de cidadania.

Zaluar e Alvito,[3] assim como Valladares,[4] descreveram a centenária representação negativa das favelas, como lócus de pobreza, degradação física e moral, lugar das classes perigosas, dos malandros, bandidos, traficantes e prostitutas, em oposição a trabalhadores honestos. Esses estereótipos foram mesclando-se ao longo do tempo com a visão das favelas como locais de cultura popular, do samba, do carnaval, mas alimentaram ao longo do tempo o estigma ainda persistente da favela como território da violência, e dos favelados como tendo uma sociabilidade avessa às normas.[5]

Apesar de todas as transformações por que têm passado as favelas desde a década de 1980, quando se intensificaram os projetos de urbanização, e mesmo hoje, com a forte presença do Estado em áreas "pacificadas", o favelado ainda é visto como aquele que vive às margens da cidade. E os moradores das favelas

---

[1] A oposição "bandido × trabalhador" aparece na letra da música como "marginal × trabalhador", sendo marginal aquele que está à margem da lei. Guedes (1997) entende essa como uma das oposições possíveis entre aquelas que têm o valor trabalho, assim como o valor família, como orientador. A representação de trabalho-sacrifício, para o sustento da família, norteia essa dicotomia. Tal oposição difere do binômio "vagabundo × trabalhador", sendo que a primeira (tendo bandido no polo oposto ao do trabalhador) distingue com absoluta nitidez, segundo a autora, aqueles que têm ganho fácil (bandidos) daqueles que têm ganho difícil (trabalhadores). Assim, a definição total e completa em oposição à ideia de trabalhador não seria a categoria bandido, mas vagabundo, uma vez que ao bandido ainda restam a coragem e o fazer, mesmo que um fazer em desacordo com o "direito", com o "certinho". Na etnografia de Guedes, na vida local, entre trabalhador e bandido impera o "respeito", enquanto o "vagabundo" caracteriza-se pela total inatividade e afastamento dos valores trabalho e família.
[2] Foi muito comum nas entrevistas ouvir falas sobre o preconceito de que na favela ninguém quer trabalhar ou estudar. Um dos entrevistados disse: "Por que as pessoas acham que na favela só tem jovens ruins, que não querem estudar? Mentira! Com certeza, tem este preconceito. Até a hora de você fazer uma ficha para trabalhar. Teu endereço? Complexo do Alemão. As pessoas se assustam". Ouvimos também de jovens policiais da UPP falas sobre o preconceito que tinham com morador de favela: "É, eu cheguei aqui vendo literalmente assim, polícia e bandido, então o olho para a comunidade é de que ninguém presta, que ninguém é direito. Porque como... na verdade hoje eu entendo o lado de quem é trabalhador, de quem mora aqui, apesar de não concordar com a atitude deles, mas eu sempre tive a visão tipo quem não é, no mínimo é conivente".
[3] ZALUAR, Alba; ALVITO, Marcos. *Um século de favela*. Rio de Janeiro: FGV, 1998.
[4] VALLADARES, Licia do Prado. *A invenção da favela*: do mito de origem a favela.com. Rio de Janeiro: FGV, 2005.
[5] SILVA, Luiz Antonio Machado da. "Violência urbana", segurança pública e favelas: o caso do Rio de Janeiro atual. *Caderno CRH*, Salvador, v. 23, n. 59, p. 283-300, 2010.

não conseguiram, ainda, ter respeitados seus direitos fundamentais mais básicos, sendo, na maioria das vezes, precário o acesso ao fornecimento de serviços como educação, saúde, transporte e infraestrutura de maneira geral.

Concordamos com Leite[6] que não se trata mais de dizer que o Estado esteja ausente nessas favelas, mas sim que sua presença tem sido insuficiente, via prestação de serviços de baixa qualidade, que não atingem a comunidade como um todo. A presença do Estado nas favelas tem sido caracterizada pelo

> clientelismo e ineficiência das instituições estatais, brutalidade policial e desrespeito aos direitos civis de seus habitantes que não têm reconhecido e garantido seu estatuto de cidadania [...]. Neste sentido, essas modalidades de identificação terminam por reforçar os dispositivos segregatórios que produzem, e reproduzem, as favelas como o outro da cidade.[7]

E o que têm a dizer os moradores das favelas acerca da presença do Estado e sobre seu sentimento de integração à cidade? Como é morar nas favelas do Cantagalo, do Vidigal e do Complexo do Alemão nesses dias "pós-pacificação"? É isso que vamos discutir neste capítulo, procurando entender melhor quem são os moradores dessas favelas e como eles percebem a sociabilidade nesses territórios.

## As favelas e seus moradores

No espaço geográfico que conforma as Unidades de Polícia Pacificadora interagem milhares de pessoas diferentes que vivem nesses territórios ou neles atuam profissionalmente. Neste capítulo, falaremos sobre as pessoas que vivem nas três favelas que pesquisamos: Cantagalo, Vidigal e as favelas que integram a UPP Fazendinha, no Complexo do Alemão (a que designaremos tão somente como Fazendinha).

---

[6] LEITE, Márcia Pereira. Da metáfora da guerra ao projeto de pacificação: favelas e políticas de segurança pública no Rio de Janeiro. *Revista Brasileira de Segurança Pública*, São Paulo, v. 6, n. 2, p. 374-388, 2012.
[7] LEITE, Márcia Pereira. "Da metáfora da guerra ao projeto de pacificação", 2012, op. cit., p. 377-378.

Compreendemos que os territórios das UPPs nem sempre coincidem com a delimitação geográfica e identitária relacionada com o sistema classificatório presente nas representações daqueles que vivem nesses locais[8] e, mais ainda, que identidade de morador de favela, como qualquer identidade em geral, não é estanque; ao contrário, trata-se de uma identidade negociada em contexto, que está sempre associada a valores,[9] e as fronteiras e a adesão aos respectivos valores são negociadas e modificadas em interação. E reforçamos aqui, junto com Machado da Silva,[10] que favelado como categoria analítica não existe. A favela e seus moradores são plurais.

Não temos, portanto, a intenção de traçar um perfil exaustivo das pessoas que vivem e convivem nesses espaços, mas, a partir das observações que fizemos em campo, das entrevistas qualitativas que realizamos e dos dados do *survey* conduzido nessas favelas, pensar como se dá a negociação das identidades e a interação dessas pessoas em tais favelas, assim como descrever como é viver nesses lugares.

Iniciaremos descrevendo como são essas favelas e seus moradores. Tanto o Cantagalo, quanto o Vidigal já foram descritos detalhadamente no livro que resultou da primeira rodada da pesquisa.[11]

A favela do Cantagalo, localizada na Zona Sul da cidade do Rio de Janeiro, entre os bairros de Copacabana e Ipanema, é composta por 4.771 habitantes, distribuídos em 1.428 domicílios, conforme o censo do IBGE de 2010. A história da ocupação do Cantagalo remonta à ocupação da orla da cidade do Rio de Janeiro e teve início por volta da década de 1930, com o desenvolvimento do bairro de Copacabana, quando trabalhadores encontraram na região uma maior facilidade de acesso em relação à região central da cidade.[12]

O Cantagalo faz fronteira com a favela do Pavão-Pavãozinho e ambas estão localizadas sobre a mesma formação geográfica. Conforme os dados do Censo

---

[8] CLASTRES, Pierre. *Arqueologia da violência*. São Paulo: Cosac Naify, 2011.
[9] BARTH, Fredrik; LASK, Tomke (Org.). *O guru, o iniciador e outras variações antropológicas*. Rio de Janeiro: Contracapa, 2000.
[10] SILVA, Luiz Antonio Machado da. A política na favela. *Dilemas*, Rio de Janeiro, v. 4, n. 4, p. 699-716, 2011.
[11] Ver OLIVEIRA, Fabiana Luci de. *UPPs, direitos e justiça*, 2012, op. cit.
[12] Fonte: PREFEITURA DA CIDADE DO RIO DE JANEIRO. Sistema de Assentamentos de Baixa Renda (Sabren). Rio de Janeiro: Sabren, 2002. Disponível em: <http://portalgeo.rio.rj.gov.br/sabren/Favelas/default_esquerda.htm>. Acesso em: 28 jan. 2014.

2010, 68% dos domicílios são próprios e 26% são alugados. Além disso, de acordo com as informações oficiais, o fornecimento de água e o saneamento básico são considerados adequados em 98,8% e 98,9% dos domicílios, respectivamente. As taxas de alfabetização para pessoas com mais de 15 anos também são altas, sendo alfabetizados 94,5% dos moradores acima dessa idade. A renda *per capita* dos moradores do Cantagalo é de ¼ a meio salário mínimo para 22,7% dos moradores, meio a um salário mínimo para 38,3% dos moradores, e de um a dois salários mínimos para 20,9% dos moradores.

O acesso ao Cantagalo pode se dar de três maneiras: via elevador, que sai da estação do metrô de Ipanema, na estação General Osório; pelo elevador antigo, que tem sua saída, no alto do morro, no Centro de Integração de Educação Pública (Ciep) João Goulart, onde ficam localizados diversos projetos sociais, como o Criança Esperança, a Academia Boxe Nobre Arte; e por meio dos serviços de mototáxi que sobem pela rua Saint-Roman, ou das Kombis que fazem o transporte dos moradores até o topo.[13]

Quanto à oferta de educação e saúde, o Cantagalo tem escolas públicas de ensino fundamental[14] e conta com o trabalho de ONGs (a página da UPP Social lista 22 projetos presentes no território, que se mistura com o Pavão-Pavãozinho no que tange à oferta de serviços). Hoje o Cantagalo tem duas pousadas, segundo informações dos moradores. A "Pousada Favela do Cantagalo" é uma delas, e fica localizada na rua Saint Roman, 200, no alto do morro do Cantagalo.

O Vidigal, também localizado na Zona Sul, fica entre os bairros do Leblon e de São Conrado, duas áreas de classe média alta da cidade do Rio de Janeiro. Essa ocupação urbana autoproduzida começou a surgir em 1941, a partir da instalação dos primeiros moradores na área inferior do morro. A Associação de Moradores do Vidigal iniciou suas atividades em 1962, mas mesmo assim o

---

[13] OLIVEIRA, Fabiana Luci de. *UPPs, direitos e justiça*, 2012, op. cit., p. 24.
[14] Dentro do Cantagalo fica o Ciep Presidente João Goulart, e em área imediatamente próxima, as escolas municipais Presidente José Linhares e Marília de Dirceu. A Creche Municipal Elza Machado dos Santos também fica dentro da comunidade. Nos bairros ao lado, ficam ainda as escolas municipais Castelnuovo e Penedo, no bairro de Copacabana, conforme o *site* da UPP Social — UPP Social. Informações. Disponível em: <http://uppsocial.org/territorios/pavao-pavaozinho-cantagalo/?secao=inicio>. Acesso em: 10 fev. 2014.

crescimento continuou lento, em razão do surgimento de um loteamento residencial regularizado próximo à favela.[15] De acordo com o Censo 2010, a favela tem 9.678 habitantes e 3.235 domicílios.

Às margens do Vidigal fica a avenida Niemeyer, e não há transporte público para o interior da favela, exceto os mototáxis que passam em velocidade elevada pela rua Presidente João Goulart, compartilhando a via com pedestres, além das Kombis que levam os moradores até o topo do morro.

Nas vezes em que subimos o Vidigal para realizar entrevistas, pudemos perceber a presença de muitos estrangeiros, que passaram a viver ou hospedar-se no Vidigal, dada sua proximidade com as áreas nobres da cidade do Rio de Janeiro. O número de albergues na favela aumentou, e hoje, a "Pousada Alto Vidigal", por exemplo, localizada no alto do morro, já esclarece em sua propaganda: "A pousada está localizada no topo da Comunidade do Vidigal, com uma vista deslumbrante para as praias do Leblon e Ipanema".[16] Com isso os aluguéis no Vidigal, assim como nas demais favelas que pesquisamos, aumentaram muito após a pacificação, e esse *"boom* de gringos", como os próprios moradores referem, é especialmente sentido nessa favela, dada sua proximidade com pontos turísticos da Zona Sul do Rio de Janeiro.

A expressão *"boom* de gringos" apareceu em uma conversa informal com um morador, quando questionamos se, com a chegada da UPP, houve um "*boom* de ONGs", no sentido de maiores investimentos sociais. A resposta prontamente fornecida foi "*boom* de ONGs, não; houve um *boom* de gringos".

A questão da chegada de moradores estrangeiros também apareceu em conversas com lideranças locais. Quando perguntamos sobre as mudanças recentes na comunidade, a questão da "identidade" apareceu como um elemento na vida da favela que tem mudado com a chegada de moradores estrangeiros, que são classificados de forma diferente em relação ao modo como se relacionam com o Vidigal.

---

[15] Fonte: PREFEITURA DA CIDADE DO RIO DE JANEIRO. Sistema de Assentamentos de Baixa Renda (Sabren). Rio de Janeiro: Sabren, 2002. Disponível em: <http://portalgeo.rio.rj.gov.br/sabren/Favelas/default_esquerda.htm>. Acesso em: 28 jan. 2014.
[16] Disponível em: <http://altovidigal.com/novosite/>. Acesso em: 21 jan. 2014.

Naquela época era melhor porque você conhecia todo mundo; hoje em dia já tá perdendo um pouco a identidade, você vê muitas pessoas de fora, que chegam aqui e querem ditar regras. E, calma aí, tá chegando agora... Calma [morador, Vidigal].

[...] Então tem muita gente, muito gringo com casa, muita gente que tá vindo, aquela coisa da especulação imobiliária... [liderança, Vidigal].

No Vidigal o percentual de habitações próprias é um pouco maior que aquele do Cantagalo, sendo que 76% das casas são próprias e 21% alugadas, conforme o Censo 2010.

O fornecimento de água e o saneamento básico também são considerados adequados em 98,6% e 98% dos domicílios, respectivamente. As taxas de alfabetização para pessoas com mais de 15 anos também é alta, embora um pouco mais baixa em comparação com o Cantagalo, sendo alfabetizados 92,9% dos moradores acima da referida idade. A renda *per capita* dos moradores também é parecida com a do Cantagalo, sendo que 18,5% recebem entre ¼ e meio salário mínimo; 38%, mais de meio até um salário mínimo, e 24,5% recebem mais de um até dois salários mínimos.

Tanto o Vidigal quanto o Cantagalo estão localizados na parte da cidade do Rio de Janeiro que mais tem facilidade de acesso aos serviços públicos, como os equipamentos de justiça e os de cultura e sociabilidade.

A distribuição destes últimos pela cidade revela uma expressiva desigualdade, conforme demonstrou pesquisa feita sobre o tema, na medida em que 23,9% deles, como cinemas, teatros, museus e áreas de lazer estão localizados na área de planejamento 1 (que compreende os bairros do Centro, Região Portuária e Santa Teresa, entre outros), 42% na AP2 (bairros de Botafogo, Copacabana, Leblon, Lagoa, São Conrado, entre outros) e 15,9% na AP4 (Barra da Tijuca), enquanto que somente 13,6% estão situados na AP3 (Ramos, Méier, Complexo do Alemão e outros) e apenas 4,5% na AP5 (Bangu, Campo Grande e Santa Cruz).[17]

---

[17] Nesse sentido, ver MELO, Victor; PERES, Fábio. A cidade e o lazer: as desigualdades socioespaciais na distribuição dos equipamentos culturais na cidade do Rio de Janeiro e a construção de um indicador que oriente as ações em políticas públicas. *Movimento*, Porto Alegre, v. 11, n. 3, p. 127-151, set./dez. 2005.

Com isso, vemos que as duas favelas que descrevemos acima, Cantagalo e Vidigal, estão localizadas na área de planejamento 2, exatamente onde se concentram os equipamentos culturais, assim como estão mais próximas às áreas nobres da cidade do Rio de Janeiro, tendo maior facilidade de acesso aos serviços de saúde, comércio, entre outros, se comparadas ao Complexo do Alemão, outra área pesquisada nesse projeto.

O Complexo do Alemão encontra-se em na área de planejamento 3, mais especificamente na Zona Norte da cidade. É composto por um conglomerado de 15 favelas e está localizado na mesma formação geográfica que o Complexo da Penha, outro grande conglomerado de favelas do Rio de Janeiro. Para a presente pesquisa, optamos por focar nas favelas do complexo que se encontram na área da atuação da Unidade de Polícia Pacificadora identificada pela própria polícia como "Fazendinha", porque queríamos nos restringir a uma área e a uma população próximas às favela do Vidigal, que também tinha uma Unidade de Polícia Pacificadora instalada recentemente, na segunda rodada da pesquisa.

A UPP Fazendinha, conforme a delimitação da Polícia Militar do Rio de Janeiro, é composta pelas comunidades Palmeirinha, Vila Matinha, Casinhas, Parque Alvorada, Relicário e Morro das Palmeiras. A definição da polícia nem sempre respeita aquilo que os moradores percebem em relação ao território e também não dialoga, necessariamente, com os dados oficiais. Dizemos isso porque, embora o documento oficial da Secretaria de Segurança que define o território considerado parte da UPP[18] não mencione a área conhecida como

---

[18] Resolução da Secretaria de Segurança Pública, nº 565, que, em seu art. 1º, inciso I, define que a "área de policiamento abrangerá as Comunidades Fazenda das Palmeiras (Fazendinha), Te Contei, Rua Um, Parque Alvorada, Relicário e Matinha, nos bairros do Complexo do Alemão, Inhaúma e Engenho da Rainha, a contar de 18 de abril de 2012, nos seguintes limites, contornando as Comunidades no sentido horário: Inicia-se a descrição deste perímetro na Avenida Itaoca lado par na altura do nº 2350, excluindo-se esta, seguindo pela Vila Jesuânia e Vila Acorizal, contornando o muro da empresa Castrol, até a Rua Periantã, retornando por esta ao longo do valão, até a Estrada Adhemar Bebiano na altura do nº 3370, excluindo-se esta, seguindo pela Rua Augusto e Souza, incluindo-se esta, seguindo pela Estrada da Pedreira até a Estrada da Misericórdia no alto da Serra da Misericórdia, seguindo por esta até a linha de alta tensão, seguindo por esta até a Rua Joaquim de Queiroz na altura do nº 709, seguindo pela linha de alta tensão até a subestação, seguindo pelo muro desta até a Rua Antônio Austregésilo, incluindo-se esta, retornando por esta ao longo do muro da Empresa Itapemirim, seguindo pela Rua São Pedro até a Avenida Itaoca, excluindo-se esta, contornando a Escola Municipal Rubens Berardo até o início da Vila Jesuânia" (RIO DE JANEIRO (Estado). Secretaria de Estado de Segurança (Seseg). Resolução Seseg nº 565, de 19 de junho de 2012: cria, sem aumento de efetivo e de despesas, na estrutura da Polícia Militar do Estado do Rio de Janeiro, a UPP Fazendinha, no município do Rio de Janeiro e dá outras providências. Disponível em: <www.rj.gov.br/web/seseg/

"Mineiros", foi recorrente a referência dessa área como parte integrante da Fazendinha quando conversávamos com os moradores, ainda que outros interlocutores tenham afirmado que os Mineiros são da UPP do Alemão.

Isso demonstra como a vida no território pacificado, no que diz respeito à relação com o poder público, é complexa. Nem sempre a comunidade é informada de modo adequado das políticas públicas que são implementadas em tais locais.[19]

> Acho que a maior parte da população dos Mineiros não sabe que é vinculado à UPP Fazendinha, porque no começo a gente ficou sabendo que teria uma UPP na área em que a gente mora, mas ficou a Fazendinha, mas também eu acho que não faz muita diferença [liderança, Fazendinha].

Além disso, os dados do Censo 2010, disponibilizados na página do programa da UPP Social, vinculado ao Instituto Pereira Passos, que é o órgão responsável pelo planejamento urbano da cidade e organiza os dados sobre as regiões do município, contemplam apenas informações desagregadas sobre as favelas Vila Matinha, Parque Alvorada, Relicário e Morro das Palmeiras, desconsiderando, por exemplo, a comunidade "Casinhas", vista no território, pelos próprios moradores, como vinculada à UPP Fazendinha.

Assim, para a descrição dos moradores, vamos focar nos dados oficiais aos quais tivemos acesso. A Vila Matinha tem 1.221 habitantes e 359 domicílios, 80% dos quais são próprios contra 18% alugados. Sobre o saneamento básico e água, na Vila Matinha 99,1% e 99,7% dos domicílios têm o fornecimento de tais serviços definidos como adequados. Quanto à alfabetização dos maiores de 15 anos, 98,2% são alfabetizados e 1,8% não. Em relação à renda *per capita*, 18,4% dos moradores auferem entre ¼ e meio salário mínimo, enquanto 44,1%

---

exibeConteudo?article-id=1516376>. Acesso em: ago. 2014). A página oficial da UPP Social diz que a UPP Fazendinha é composta das comunidades Palmeirinha, Vila Matinha, Casinhas, Parque Alvorada, Relicário e Morro das Palmeiras. Disponível em: <http://uppsocial.org/territorios/complexo-do--alemao/?upp=fazendinha#sthash.I5PibxoU.dpuf>. Acesso em: 24 jan. 2014.

[19] A questão da falta de informação apareceu também nas falas de lideranças do Cantagalo, que mencionaram a dificuldade de saber como estão sendo implementadas as ações de urbanização na favela.

recebem entre meio e um salário mínimo, e 27,5% têm renda entre um e dois salários mínimos. Na Vila Matinha está localizada a ONG Educap, que trabalha com a educação de jovens. O projeto atende jovens em diferentes projetos e é um ponto de referência para a comunidade.

De acordo com os dados oficiais, o Parque Alvorada tem 8.912 habitantes e 2.641 domicílios. Desses domicílios, 75% são próprios e 23% alugados. Quanto ao serviço de saneamento básico e fornecimento de água, são considerados adequados em 99,4% e 99,5% dos domicílios, respectivamente. Em relação à alfabetização de adultos, 94,4% são alfabetizados e 5,6% dos moradores dessa comunidade não o são. A renda *per capita* dos moradores fica entre ¼ e meio salário mínimo para 23,2% dos moradores; 39,2% recebem entre meio e um salário mínimo; e 20,8%, entre um e dois salários mínimos.

O Parque Alvorada é o nome que o poder público dá à comunidade da Fazendinha. Segundo a liderança comunitária que entrevistamos, a mudança ocorreu ao longo do tempo, a partir da relação que as pessoas foram estabelecendo com aquele território, nesse sentido.

> [Por que eles chamam de Parque Alvorada?] Porque antigamente o que acontece é que nós tínhamos um senhor de idade aqui chamado José Alvorada e ele gostava muito de futebol. Aí ele, como queria ter o futebol junto com o parque, aqui na frente tinha um parque, então ele colocou, entendeu, Parque Alvorada Cruzeiro, porque ali em cima nós temos uma rua chamada rua do Cruzeiro. Então ficou Parque Alvorada Cruzeiro, entendeu? Conforme depois veio o baile *funk* e tudo aí, para não ficar muito grande aí começamos a colocar Fazendinha, ah o baile da Fazendinha. [E por que Fazendinha?] Fazendinha por causa dos bailes *funk*. Na época tinha baile *funk* do Furacão dos Morros, aí o pessoal daqui eles disputavam baile *funk*, aí ganhava e trazia para cá para a comunidade, baile *funk* da equipe Furacão 2000. Aí, para não falar lá no Parque Alvorada Cruzeiro para inscrever nas festas – era muito grande – começaram a botar Fazendinha, Fazendinha, porque lá embaixo é Fazenda da Palmeira, aí Fazenda da Palmeira, entendeu, e Fazendinha [liderança, Fazendinha].

O Morro das Palmeiras tem 2.138 habitantes e 688 domicílios. A ocupação dos domicílios é 82% própria e 15% alugada. Em relação às condições dos domicílios, 99,8% das instalações de água e saneamento são consideradas adequadas. Dos moradores maiores de 15 anos, 95,8% são alfabetizados, enquanto 4,2% são analfabetos. Quanto à renda *per capita*, 21,4% dos moradores recebem entre ¼ e meio salário mínimo; 40,5%, entre meio e um salário mínimo; e 22,7%, entre um e dois salários mínimos.

A liderança das Palmeiras que entrevistamos faz referência às demais favelas como mais favorecidas, o que está relacionado com as disputas por recursos públicos e questões de localização geográfica. Entretanto, é no Morro das Palmeiras que fica a última estação do teleférico e o prédio da UPP da Fazendinha, uma construção recente, toda de alvenaria, com mais de três andares. Em razão da localização do teleférico, é lá que surgem os conflitos em torno dos quiosques que os moradores instalaram próximo ao teleférico, lugar onde muitos turistas chegam para conhecer e fotografar a região. Há uma demanda por parte dos representantes da comunidade para que a Supervia, empresa que tem o consórcio do teleférico, apoie os comerciantes locais, e surgem críticas às ações da empresa, que foram no sentido de retirar os moradores do local.

> Tiraram ali, as barracas dali, todas. Aí a prefeitura, tem uma grade, que é um terreno do PAC, e combinaram que daquela grade pra trás podia fazer umas barracas ali. Pois bem, foi o que os moradores fizeram, as barraquinhas ali atrás, onde eles ganham o pão deles. Só que a Supervia veio e falou, tem que limpar, está sujo, e se não estiver limpo, vou chamar o choque de ordem para tirar as barracas. Mas não dá meio nenhum, não ajuda o social, como eles mesmos falaram, que não dá dinheiro, até porque não quero dinheiro, eu quero o melhor para a minha comunidade [liderança, Fazendinha].

Relicário tem 83 moradores e 24 domicílios, sendo a menor região que integra a UPP Fazendinha. Nesse local, 97% dos imóveis são próprios e nenhum é alugado, sendo apenas um deles cedido, o que configura 3% do universo analisado. Quanto às condições de água e saneamento básico, 100% do fornecimento de água são considerados adequados, enquanto 97,1% das casas têm saneamento básico adequado. No Relicário, 98,2% das pessoas acima de 15 anos são alfabetizadas e 1,8% são analfabetas. Em relação à renda *per capita*, 29,4% dos moradores recebem entre ¼ e meio salário mínimo; 35,3%, entre meio e um salário mínimo; e 8,8%, entre um e dois salários mínimos. A renda contrasta com os dados sobre a propriedade das moradias, além de contrastar com a própria percepção dos moradores, que consideram essa a parte do território mais urbanizada, em relação às demais. As conversas informais e visitas à Fazendinha mostraram que esse espaço é visto como urbanizado pelos demais moradores, como parte diferente do território.

Por fim, dentro do Morro das Palmeiras, existe também a região conhecida como "Casinhas". Esse local é um loteamento urbano, feito pela prefeitura para receber moradores da antiga favela Águia de Ouro, que foi removida para a construção da Linha Amarela na década de 1990. Os moradores têm título de regularização desses imóveis, e o mapa da UPP Fazendinha mostra nitidamente a área mais urbanizada, que obedeceu a uma ocupação racionalizada do espaço. Conversamos com uma liderança do local e as Casinhas foram descritas como um lugar muito bom para viver, porque parecido com a "pista", isto é, com os bairros do "asfalto".

> É um lugar muito falado, e ela é demais, ela é muito boa, mesmo. Você chega aqui, chega no sábado, aqui, pessoal tomando cervejinha, botando... escutando música. O dia que você passar aqui você vai ver, tudo cheio, todo mundo à vontade, como eu te disse, as Casinhas, tipo, é na pista. Daqui você está no Rio. Aí todo mundo vem de lá pra cá, fica aqui tomando cerveja. O pessoal vem lá da Pororó pra vir pra cá tomar cerveja [liderança, Fazendinha].

A área considerada UPP Fazendinha pela Polícia Militar recebeu seus primeiros moradores no início da década de 1950, quando a Companhia Algodoeira Fernandes S/A se instalou ali, cedendo o terreno do Relicário para a moradia de seus empregados. Em 1959, a região começou a crescer, com quatro casas de alvenaria e seis barracos construídos. Devido à falta de infraestrutura, poucas pessoas se instalaram no Morro das Palmeiras até a década de 1970. O local foi loteado e, ao longo da década, amigos e parentes dos primeiros moradores começaram a habitar o local. A ocupação do Parque Alvorada se iniciou em 1982, com moradores de outras partes do estado do Rio de Janeiro e da região Nordeste do país. A UPP Fazendinha foi instalada em 18 de abril de 2012. A população total é de 12.399 habitantes, com 3.743 domicílios e 545,854 m², de acordo com Censo 2010.

O Complexo do Alemão é uma região que foi, durante muito tempo, fortemente associada à presença do Comando Vermelho (facção criminosa conhecida pelo comando do tráfico de drogas no Rio de Janeiro). Com a ocupação do Alemão pelo Exército brasileiro, ocorrida em novembro de 2010, cenas da operação foram veiculadas em jornais de diversos canais de televisão e na mídia impressa. Uma das cenas mais reproduzidas, inclusive internacionalmente, consistiu na fuga dos "bandidos" que "dominavam" a favela, por uma estrada de terra que seguia pela serra da Misericórdia, área vizinha àquela que foi pesquisada neste trabalho. Além disso, imagens de tanques da Marinha, que foram cedidos para operação, circulando na favela, lotados de policiais do Bope e da Core, foram divulgadas incessantemente pelos meios de comunicação.

Sobre esse dia, uma moradora da área conhecida como "Mineiros", que fica próxima à serra da Misericórdia, cenário da fuga dos bandidos, relatou que a sensação de medo nos dias anteriores à ocupação foi intensa. Apesar disso, morar no local é descrito por ela como a experiência de morar no interior.

> Eu vejo os [moradores dos] Mineiros mais pessoas assim, de característica assim, mais de interior, sabe? Eles têm mais características assim, porque são filhos de mineiros, de baianos, são pessoas mais pacatas. Embora os filhos sejam nascidos aqui, mas eles acabam levando essa cultura assim. Eu acho que são pessoas mais pacatas [moradora, Fazendinha].

Como dissemos, todo o conjunto de favelas que compõe o Complexo do Alemão fica localizado na Zona Norte da cidade do Rio de Janeiro, e o acesso até lá pode se dar de diversas formas. É possível chegar até a região utilizando a malha ferroviária, um dos trens que sai da Central do Brasil, em direção a Saracuruna ou Gramacho, e cuja estação correspondente para chegar ao Alemão chama-se Bonsucesso. O morador pode, então, tomar o teleférico que sai da estação Bonsucesso, seguir a pé ou de mototáxi em direção à comunidade em que vive. O teleférico tem cinco estações, além da estação inicial, chamada Bonsucesso (Adeus, Baiana, Alemão, Itararé e Palmeiras), sendo que somente a última fica localizada na área em que realizamos a pesquisa. Parte dos moradores acessa a região utilizando ônibus. Foi comum ouvirmos que o teleférico fica em regiões mais no alto do complexo, favorecendo poucas pessoas.

O Alemão está localizado entre os bairros de Bonsucesso, Inhaúma, Ramos, Engenho da Rainha e Olaria. Entre as diversas favelas que formam o complexo, as que estudamos estão localizadas próximas aos bairros de Inhaúma e Engenho da Rainha.

Toda a área em que estão localizadas as favelas que formam a UPP Fazendinha é considerada área de especial interesse social, de acordo com a Lei Municipal nº 4.453, de 27 de dezembro de 2006. De acordo com o Instituto Pereira Passos, com base no censo demográfico de 2010 do IBGE,[20] a população da área denominada Fazendinha é composta por 12.399 habitantes, que vivem em 3.743 domicílios sobre uma área de 545.854 m². A área está sendo regularizada por meio de demarcação urbanística, realizada pelo Instituto de Terras do Estado, o Iterj. As terras pertenciam ao Instituto Brasileiro de Microbiologia, uma pessoa jurídica de direito privado que trabalhava com a produção de medicamentos.

Entrevistamos lideranças que atuam em todas as áreas que compõem a UPP Fazendinha, e quando se referem ao lugar onde moram, elas mencionam o Complexo do Alemão, como um todo: "Eu sou morador do Alemão. Eu moro lá nas Palmeiras, no Complexo do Alemão" (liderança comunitária). "Eu sempre acreditei que o complexo é uma comunidade única, ele é um bairro" (liderança comunitária). Entretanto, a noção de pertencimento único é desfeita quando aparecem distinções como forma de disputa por recur-

---

[20] Disponível em: <http://uppsocial.org/territorios/complexo-do-alemao/?upp=fazendinha#sthash.06fWBNLN.dpuf>. Acesso em: jul. 2014.

sos públicos, quando os moradores descrevem algumas regiões do complexo como mais favorecidas.

> Vamos botar a associação da Grota. É uma associação que para o governo parece que só lá existe, só a Grota como associação. Não. Negativo. O Completo do Alemão são 14 associações. Então não adianta mandar projeto só para Grota [liderança comunitária].

Nas entrevistas realizadas via *survey*, procuramos seguir o perfil dos moradores dessas favelas, descrito nos dados oficiais. Mas julgamos relevante disponibilizar aqui algumas das características centrais dos entrevistados em nossa amostra.

Buscamos entrevistar homens e mulheres na mesma proporção, mas no total 55% dos entrevistados foram mulheres e 45% homens. A maioria dos entrevistados mora nessas comunidades há mais de duas décadas (71%), sendo que a média de anos de residência no Cantagalo é de 30,1 anos (mediana de 27 anos); no Vidigal, a média é 28,5 anos (mediana de 29 anos); e a Fazendinha tem a menor média, 21 anos (com mediana de 20 anos).

A grande maioria dos moradores é nascida no estado do Rio de Janeiro. No Cantagalo, 81% dos moradores são originários do Rio de Janeiro; 10%, de estados do Nordeste, com destaque para o Ceará e a Bahia; 6% vêm de estados da região Norte; e 4%, de outros estados no Sudeste, com destaque para Minas Gerais. No Vidigal, 73% são do Rio; 16%, de estados do Nordeste, com destaque para a Paraíba; 7% vêm do Norte; e 4%, de outros estados do Sudeste. Na Fazendinha, que tem a maior proporção de nascidos em outros estados, temos 55% dos moradores nascidos no Rio; 27%, em estados do Nordeste, com destaque para a Paraíba e o Ceará; 12%, no Norte; 4% em outros estados do Sudeste; e 2%, no Centro-Oeste.

Gráfico 1 | Tempo de residência dos moradores na favela (%)

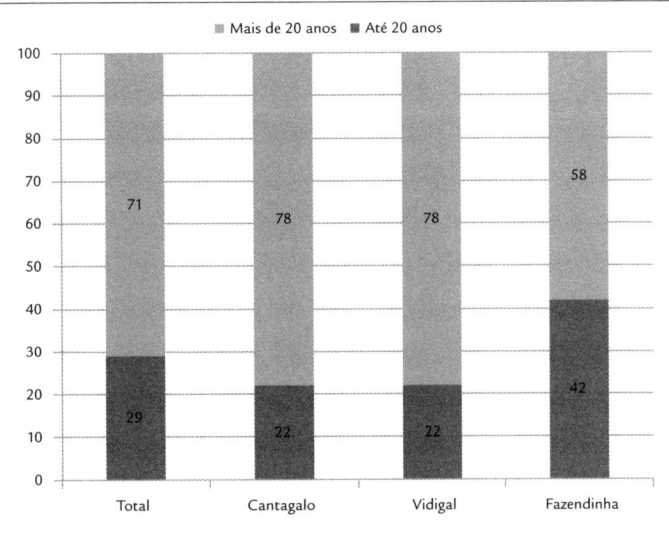

■ Mais de 20 anos  ■ Até 20 anos

| | Total | Cantagalo | Vidigal | Fazendinha |
|---|---|---|---|---|
| Até 20 anos | 71 | 78 | 78 | 58 |
| Mais de 20 anos | 29 | 22 | 22 | 42 |

Base: 1.220 entrevistas.

Outro dado importante é a escolaridade média dos entrevistados: ela é maior no Vidigal (8,8 anos em média), depois no Cantagalo (7,8 anos), e com a escolaridade média mais baixa entre as três favelas está a Fazendinha (7,5 anos). Do total de entrevistados, 6% declararam que não sabem ler e escrever, sendo que no Cantagalo foram 3%; no Vidigal, 4%; e na Fazendinha, 9%. Entre os moradores com 18 anos ou mais de idade, cerca de 64% deles na Fazendinha, 56% no Cantagalo e 43% no Vidigal têm baixa escolaridade, não tendo chegado ao ensino médio.

Gráfico 2 | Escolaridade dos moradores (%)

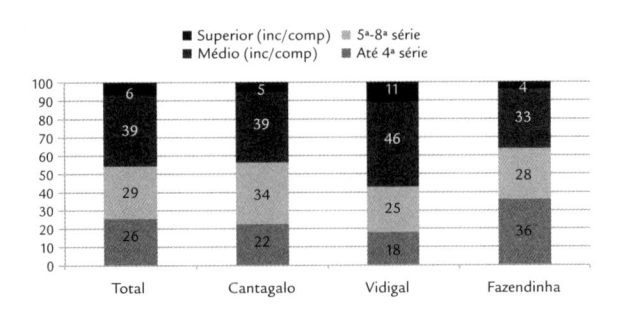

■ Superior (inc/comp)  ■ 5ª-8ª série
■ Médio (inc/comp)     ■ Até 4ª série

| | Total | Cantagalo | Vidigal | Fazendinha |
|---|---|---|---|---|
| Superior (inc/comp) | 6 | 5 | 11 | 4 |
| Médio (inc/comp) | 39 | 39 | 46 | 33 |
| 5ª-8ª série | 29 | 34 | 25 | 28 |
| Até 4ª série | 26 | 22 | 18 | 36 |

Base: 1.147 entrevistados que sabem ler e escrever.

Em termos de situação de trabalho, o nível de formalização segue essa mesma distribuição, sendo maior no Vidigal, depois vem o Cantagalo e, com a menor proporção de trabalhadores formais, a Fazendinha. A maior proporção de desempregados está no Cantagalo — 20% da população com 18 anos ou mais de idade —, lembrando que em 2011 esse percentual era de 12%. No Vidigal, o percentual de desempregados permanece estável em torno de 8%. Note que classificamos donas de casa, estudantes e aposentados na categoria "não trabalha".

A renda familiar mediana declarada pelos moradores foi de R$ 1.100,00 no Cantagalo e na Fazendinha e de R$ 1.500,00 no Vidigal.

O percentual de beneficiados pelos programas de transferência de renda, como o Bolsa Família, é bastante diferente nas três favelas: 13% dos moradores do Vidigal, 26% dos moradores do Cantagalo e 43% dos moradores da Fazendinha declararam-se beneficiários desses programas.

Gráfico 3 | Situação de trabalho dos moradores (%)

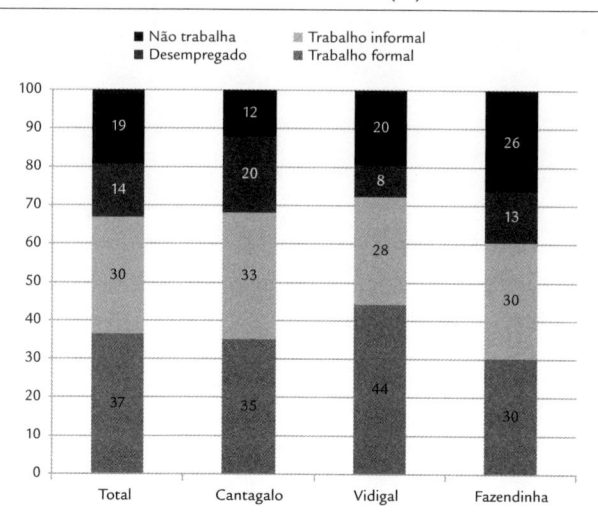

| | Total | Cantagalo | Vidigal | Fazendinha |
|---|---|---|---|---|
| Não trabalha | 19 | 12 | 20 | 26 |
| Trabalho informal | 14 | 20 | 8 | 13 |
| Desempregado | 30 | 33 | 28 | 30 |
| Trabalho formal | 37 | 35 | 44 | 30 |

Base: 1.220 entrevistas.

As três favelas são diferentes em termos de distribuição de cor ou raça dos moradores, com o Cantagalo tendo a maior proporção de negros (soma de pretos e pardos), correspondendo a 80% dos moradores, seguida da Fazendinha, com 72% de moradores negros, e do Vidigal, onde 62% da população se autodeclararam negros.

Considerando que no Rio de Janeiro, de acordo com os dados do Censo 2010, a maioria da população é branca (55,8%), sendo 11,1% negra, 32,6% parda e 0,4% amarela ou indígena, essas três favelas têm uma concentração bem maior de população negra. Nesse sentido, em diálogo com o que coloca Loïc Wacquant, a marginalidade urbana tem cor e classe no Brasil.[21]

Gráfico 4 | Autodeclaração de cor ou raça (%)

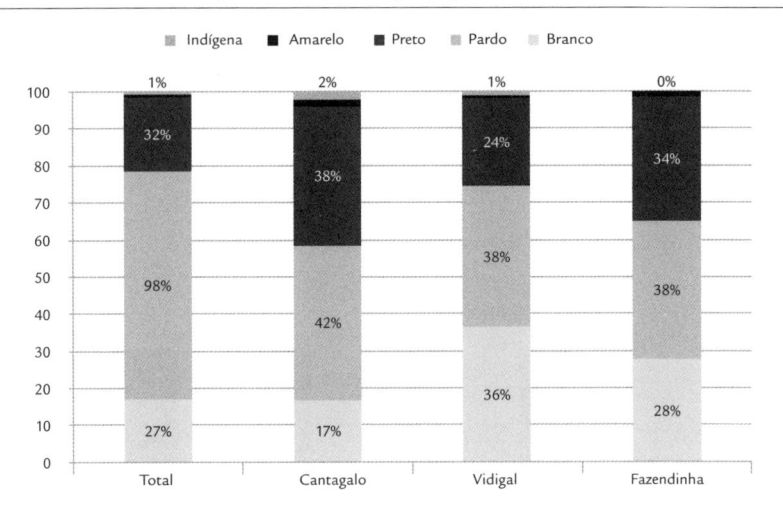

| | Indígena | Amarelo | Preto | Pardo | Branco |
|---|---|---|---|---|---|
| Total | 1% | | 32% | 98% | 27% |
| Cantagalo | 2% | | 38% | 42% | 17% |
| Vidigal | 1% | | 24% | 38% | 36% |
| Fazendinha | 0% | | 34% | 38% | 28% |

Base: 1.220 entrevistas.

---

[21] Wacquant chama atenção para a violência policial e para o padrão de repressão por ela utilizado, com base em estereótipos de cor e raça e classe: *"hierarchical, paternalistic conception of citizenship based on the cultural opposition between 'feras e doutores', the 'savages' and the 'cultivated', that tends to assimilate marginais (low-lives), workers, and criminals, so that the enforcement of the class order and the enforcement of public order are effectively merged (Da Matta 1991 [1978]; Pinheiro 1983). Another factor further complicates matters: the close alignment between class hierarchy and racial stratification and the color discrimination endemic to the Brazilian police and judicial bureaucracies. Although Brazil has evolved a flexible system of ethnoracial relations based on phenotype, admitting a multiplicity of ambiguous categories and allowing for intra- and intergenerational mobility along a skin-tone continuum, very different from the dualistic ancestry-based, dichotomous pattern of the United States, that has translated into the absence of rigid segregation and ghettoization, there exists a long-standing association between blackness and dangerousness going back to the struggles over slavery and the widespread fear of the libertos in the aftermath of emancipation (Andrews 1991:46-50; Gizlene 1995)"* (WACQUANT, Loïc. The militarization of urban marginality: Lessons from the Brazilian metropolis. *International Political Sociology*, Tucson, v. 2, n. 1, p. 61, mar. 2008).

Perguntamos também acerca da religiosidade dos moradores dessas favelas, e notamos que, no caso específico do Cantagalo, cresceu o número dos que declararam não frequentar nenhum culto ou religião.

Quadro 1 | Frequência a culto ou religião (%)

|  | Total | Cantagalo | Vidigal | Fazendinha |
|---|---|---|---|---|
| Não frequenta religião | 35 | 42 | 19 | 43 |
| Candomblé | 4 | 21 | 6 | 2 |
| Católica | 27 | 27 | 44 | 11 |
| Evangélica | 30 | 27 | 24 | 39 |
| Espírita | 2 | 1 | 2 | 2 |
| Umbanda | 1 | 1 | 1 | 1 |
| Outra | 2 | 1 | 4 | 3 |

Base: 1.220 entrevistas.

Os mais religiosos são os moradores do Vidigal, com o catolicismo sendo a religião mais comum (44%), seguida das religiões evangélicas (24%). Os evangélicos são o maior grupo religioso entre os que declararam frequentar alguma religião na Fazendinha (39%), seguidos dos católicos (11%). E, no Cantagalo, os evangélicos e católicos aparecem com a mesma frequência, cada um com 27% dos moradores.

Tais características reforçam a diversidade dessas áreas e dos seus moradores, sendo a favela uma realidade plural e não um aglomerado homogêneo de características e fatores, nem uma massa amorfa de pessoas pobres e socialmente excluídas.

Mas é muito comum verificar o desconforto com relação à classificação de favelado. Os moradores, quando por nós questionados acerca da denominação preferida para os territórios em que vivem, se "favela" ou "comunidade", na maioria das vezes preferem o termo "favela", pois ele está associado à ideia de "raiz", "identidade", "motivo de orgulho".

[Favela ou comunidade, o que tu prefere?] Favela! Comunidade é carente. Aí que vão ficar mais carente ainda. Favela, mesmo, põe favela... Todo mundo aqui está na raiz, entendeu? Comunidade... Não sei... Eu falo que eu moro na favela. [É?

Por quê?] Porque é a raiz, mesmo. A favela veio desde 1900 e antigamente, tinha favela. Nunca foi comunidade. Nunca foi vista nos olhos deles como comunidade, nunca, não. Só existe favela. Igual aquela favela do Rato, a favela da Águia de Ouro, favela do Guarda. Tudo era favela, tudo é favela. É favela. Este negócio de comunidade. Ah, comunidade! Fica bonito, para a sociedade fica bonito, aquela comunidade lá é maneira. Ninguém vai falar: "Vamos naquela favela?" Entendeu? [...] Agora é vamos lá naquela comunidade. Está mudando tudo, é comunidade [liderança, Fazendinha].

Porque favela é muito mais característico e o significado favela é uma planta, ela é uma árvore que veio do nordeste, foi plantado, é um espaço onde ela se acolhe do sol não é, é a sombra, e comunidade generaliza muito, e favela não, favela eu acho que é identidade, cultura do morro [liderança, Vidigal].

Porque favela, favela já vem do tempo dos escravos, a primeira favela foi a Providência, então tem que ter orgulho de ser chamado de favela, comunidade é aquele detalhe assim, ah é só para dizer que está com um pouco de pena, fala: comunidade bonitinha, não sei o que... não, a favela está melhorando, a favela pode melhorar muito mais [liderança, Cantagalo].

Já em relação à expressão "favelado", a maioria expressa desconforto. Isso porque a ideia de favelado está associada com um tipo de comportamento negativo, fora dos padrões de civilidade e urbanidade esperados.

Porque eu acho que favela dá muito aquela coisa de favelado e favelado acho que depende muito da pessoa com as suas atitudes, favelado eu acho que é aquele que pode colocar as melhorias que for, mas ele acostumou e sempre vai viver daquela maneira de jogar lixo num local impróprio, de fazer as coisas erradas de não querer um melhor pra sua comunidade, de repente nem pra ele, desde o momento em que o morador fazer o mínimo o melhor pra ele já está dando um grande passo, favela acho que vai muito da pessoa [liderança, Vidigal].

Pra mim, o nome não difere, favela, comunidade, morro, eu acho que a diferença está nas pessoas. Porque de repente você não mora em uma favela, mas a pessoa tem um comportamento de uma pessoa que mora na favela. O que eu denomino uma pessoa que... Pra pessoas que moram na Zona Sul, como eles visualizam uma pessoa que mora nas favelas? Uma pessoa sem cultura é a visão que eles têm, que eu vejo, uma pessoa sem cultura, uma pessoa que não sabe falar, não sabe se expressar, não sabe se vestir. Mas também você pode morar dentro de uma favela e você frequentar qualquer ambiente sem ninguém perceber que você mora na favela, a partir do momento em que você tenha conhecimento. Eu acho que a diferença está no caráter [liderança, Fazendinha].

## As benesses e as agruras de viver nas favelas

As pessoas com quem conversamos ao longo de nossa pesquisa descreveram uma série de dificuldades quanto à experiência de morar na favela. Entre os problemas mais citados estão a dificuldade de acessar a água (especialmente na Fazendinha), os problemas de saneamento básico e transporte (especialmente no Vidigal), o lixo (principalmente no Cantagalo), assim como acesso à saúde e à educação. Essas reclamações apareceram muito nas falas das lideranças.

Quando perguntamos aos moradores se eles pudessem mudar algo na favela em que moram, no sentido de melhoria da sua qualidade de vida, qual seria a primeira e a segunda mudanças que fariam, a grande maioria citou aspectos de infraestrutura e urbanização, que também foram mais citados na primeira rodada da pesquisa, e trazidos à tona com muito mais expressividade agora em 2013. Todos os moradores da Fazendinha citaram, em primeiro ou segundo lugar, algum aspecto ligado à infraestrutura, especialmente o abastecimento de água. Lembrando que quando reclamam de problemas de infraestrutura e urbanização, estão reclamando de coleta de lixo, saneamento básico, pavimentação, arruamento, iluminação pública e fornecimento de energia elétrica.

Gráfico 5 | Aspectos que moradores mudariam na favela
para melhorar qualidade de vida, em primeiro e segundo lugares (%)

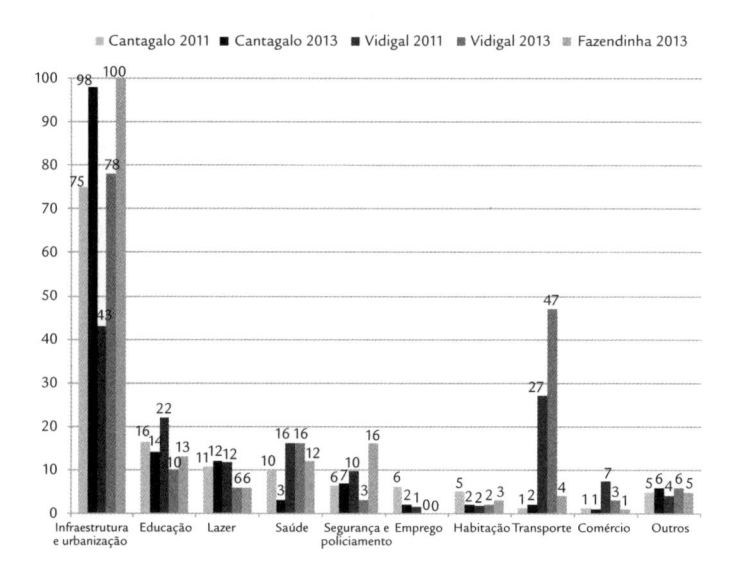

Base: 1.220 entrevistas.

O transporte é um problema principalmente para os moradores do Vidigal — quase metade deles citou que, para melhorar sua qualidade de vida, é preciso melhorar o sistema de transporte.

Nas entrevistas ouvimos muito acerca das melhorias vindas com as obras pós-pacificação, principalmente o PAC. Mas ouvimos também muitas críticas à forma como as intervenções são feitas, e as obras entregues, o que tem gerado também conflitos, que acabam indo muitas vezes para a mediação das UPPs.[22]

> Como eu falei, a gente tinha um reservatório de 40 mil litros de água, o PAC veio e destruiu, quebrou, botou dois tambores de 10 mil litros, 20 mil litros de água para 17 mil famílias. Por aí. E o manobreiro vai, manobra um dia para um lado da comunidade, outro dia para outro lado da comunidade... [liderança, Fazendinha].

---

[22] O trabalho de mediação desenvolvido pelas UPPs é abordado em maiores detalhes no capítulo 5 deste livro.

É um trabalho da subprefeitura, sendo que a gente não tem a caneta, a gente só tem o telefone para solicitar. Muitas vezes quando a gente solicita a gente não é atendido porque a obra do PAC veio para fazer um paliativo e olharam muito para o teleférico e esqueceram-se do gueto, de dentro da comunidade [liderança, Fazendinha].

O PAC por si só ele tem que tirar o pessoal daquela casa, que vai passar uma rua ali, aí tem que fazer toda parte de apoio, reestruturação daquela área ali, vai tirar o pessoal, vai remanejar o pessoal para os prédios que eles fazem aí, faz a doação do prédio e gera um transtorno absurdo. O prédio que tem problemas de estrutura, problema de acabamento, problema de obra mesmo por si só, em menos de um ano o ladrilho está saindo, e aí a gente abraça isso aí tudo na verdade. Aí tem que ser feito essa mediação, a obra do PAC é campeã de recorde de problemas aqui por parte de mediação [UPP, Cantagalo].

Hoje em si o PAC... ele entrou em 2010. Então a comunidade estava acostumada com aquele manilhão, o PAC entrou, tirou os manilhões e botou tubo de esgoto de 150, só que a comunidade tem um detalhe, aqui tem um cantinho de uma casa aqui, você pensa que é uma casa mais não é, são 4, 5 casas ali dentro, então eles fazem uma medição lá de trabalho para eles achando que aquele tubo que eles colocaram vai dar vazão na zona sul, não é verdade. Se eu te levar agora ali você vai ver quantos esgotos nós temos aqui, eu vou te levar e você vai ver vários esgotos aqui entupido, fora casa de morador que está sendo alagada, toda chuva forte. Pela chuva através de um trabalho que o PAC fez, só que fez um paliativo entendeu e automaticamente alaga a casa do morador quando cai chuva forte [morador, Fazendinha].

Na Fazendinha, o segundo aspecto mais mencionado é segurança e policiamento, preocupação ainda para cerca de 16% dos moradores. No Vidigal, percebemos uma diferença na proporção dos que acreditam que segurança seja um problema na favela, caindo de 10% na primeira rodada, para 3% em 2013. Educação, lazer e saúde aparecem também como problemas relevantes. Em "outros" classificamos menções genéricas a "mais projetos sociais" e "mais direitos".

Nas entrevistas qualitativas, quando perguntávamos aos moradores como é morar na favela, era comum a referência à necessidade, à falta de opções, devido ao custo de vida, entre outros elementos, positivos e negativos. Como cantava Bezerra da Silva, o morador escolhe por necessidade, a gente trabalhadeira "só vive lá porque, para o pobre, não tem outro jeito".

> Olha só, morar aqui para nós é aquele detalhe, é prazeroso. O morador em si mesmo de comunidade carente ele não quer morar em comunidade carente, não quer morar, ele só mora pelas circunstâncias, pela necessidade, porque você mora lá embaixo você tem um custo de vida mais alto e automaticamente no morro, dentro de uma favela, o custo de vida é menos um pouco, porque o pessoal sabe que o grau de dificuldade em si, a escolaridade é baixa, então o pessoal prefere morar na comunidade, não é porque "ah, eu amo a comunidade", tudo bem ama, mas se puder morar fora com certeza vai morar fora [liderança, Fazendinha].

Não foram poucas as vezes em que nos deparamos com relatos sobre os desafios de morar na favela. Desde as narrativas que remetem a problemas concretos, como casas em situação precária, passando pelas dificuldades de acesso, pelo transporte e saúde, até um "jeitinho" que é preciso dominar, de forma a conseguir lidar com tantas forças no espaço da favela. Para sobreviver, segundo alguns, é preciso dominar a "gramática da favela".

> Minha filha pra você viver numa comunidade você tem que ter discernimento; se você não tiver, você morre na praia. Muita gente já desapareceu, já morreu, já perdeu a vida à toa a troco de nada, é muito complicado [liderança, Fazendinha].

> [...] você que mora numa comunidade, você tem que viver e saber viver, faz quem pode, obedece quem tem juízo, quais as atitudes que você toma hoje que ela pode te influenciar no dia de amanhã [liderança, Vidigal].

A forma de sociabilidade nas favelas[23] entra em contraste com a implantação de políticas públicas, como foi acentuado por muitos de nossos interlocutores. Tanto quanto a organização do espaço público, o recolhimento do lixo, a relação com os documentos de regularização da situação jurídica dos imóveis, o pagamento de taxas de água e de luz são diferentes do "asfalto" porque a sociabilidade que ali se estabeleceu é outra. Muitos conflitos nos territórios pacificados nascem justamente desse contraste, e geralmente o poder público quer impor à favela a sociabilidade do asfalto, o que fortalece a dicotomia entre esses espaços.[24]

> [...] são acomodados entendeu, a coisa é meio complicada, outros são muito analfabetos, não entendem direito, eles não sabem o valor que tem aquele documento entendeu, eles não se ligam assim direito na coisa, eles vivem quase que num outro mundo assim [liderança, Cantagalo].

> [...] eles querem acabar com uma conduta que o morador já vem há 30 anos, entendeu, e essa culpa não é nossa, essa culpa do passado não é nossa, essa culpa foi dos governantes anteriores [liderança, Fazendinha].

> [...] aprendemos a viver de uma maneira errada, aprendemos a subir né numa moto sem capacete, e hoje estão vindo leis, mas todas essas leis... tem que saber como são impostas como vão ser faladas, muita gente as vezes não entende, querem mudanças mas não querem mudar [...] [liderança, Vidigal].

Além disso, a forma como os poderes públicos lidam com a implementação das políticas públicas gera incômodo na percepção dos moradores:

---

[23] Fazemos referência ao trabalho de Machado da Silva (SILVA, Luiz Antonio Machado da. *Vida sob cerco*: violência e rotina nas favelas do Rio de Janeiro. Rio de Janeiro: Nova Fronteira, 2008), que demonstra a forma como as pessoas que vivem na favela relacionam-se [no caso das favelas aqui pesquisadas, relacionavam-se] com o poder armado do tráfico. Mas o trabalho vai além disso, mostrando como essas pessoas relacionavam-se com o poder público e como seria possível pensar em cidadania em espaços dominados pelo tráfico. Pensamos, então, em como, a partir não só da violência mas de todo o contexto da vida na favela, estabeleceram-se "formas de vida" que são próprias daquele espaço, tanto na relação com o espaço (coleta de lixo, arruamento, ligações clandestinas de luz) até nas relações entre as pessoas.
[24] FREIRE, Leticia de Luna. Favela, bairro ou comunidade? Quando uma política urbana torna-se uma política de significados. *Dilemas*, Rio de Janeiro, v. 1, n. 2, p. 95-114, 2008. Disponível em: <http://revistadil.dominiotemporario.com/doc/Dilemas2Art4.pdf>. Acesso em: 21 mar. 2012.

Triste porque nunca é passada para a gente a informação correta, destina-se... ah, é uma rua para melhorias da favela, para melhorar isso, para melhorar aquilo, mas enquanto isso você vê pessoas que são nascidas e criadas aqui e são derrubadas as suas casas. Em contrapartida, claro, vão realocar ou dentro da própria comunidade ou dando a ela uma importância em dinheiro para que ela possa se realocar em outro lugar, mas não chegar e quebrar a casa das pessoas e achar que aquilo vai mudar a vida dela não, sabe por quê? Porque ela tem sua essência ali, ninguém sabe quantos tijolinhos daquele para botar aquela casa no lugar, é uma história de vida, ou seja, estão tirando a gente e a nossa identidade. Eu amo a reforma, adoro toda e qualquer atividade que venha a ser para melhora de um todo, mas será que essa melhora realmente é para a nossa favela ou essa melhora é para os estrangeiros? Para diminuir essa distância, que a favela enfeia a cidade, principalmente uma favela no coração de Ipanema que é o Cantagalo? Então é distorcida, as informações elas são distorcidas, a gente não sabe a verdadeira intenção dessas obras, então é por isso que tem muito conflito, é por isso que tem muito atrito, porque não é passado. Na verdade a gente não consegue entender por que o governo vai investir nisso, com tanta coisa ainda para ser investida em área de saúde, principalmente a área da educação que é extremamente precária, para vir fazer casinha bonitinha em cima da favela para morador, pelo amor de Deus! A gente conhece a nossa realidade [liderança, Cantagalo].

A letra de música que abre nosso capítulo remete à representação da associação dos moradores com os traficantes, algo que também aparece de modo recorrente nas falas dos nossos entrevistados. "Nos dias da pacificação, uma boa parte, não fomos tratados como moradores. A gente fomos tratados como cúmplices" (liderança comunitária, Fazendinha). Ou ainda: "Preconceito sempre tem. Mas só que aqui é um lugar maravilhoso, com todo respeito. Ônibus, metrô, supermercado, farmácia, aqui tem tudo de bom..." (liderança comunitária, Vidigal). E a afirmação sobre a qualidade de vida na favela e a valorização da localização das favelas também são uma forma de lidar com a atribuição de identidade negativa e confrontá-la.

Outro ponto que percebemos em nossa pesquisa, nas três favelas, e que afeta diretamente a vida dos seus moradores, diz respeito à especulação imobiliária. Todas as lideranças comunitárias descreveram um aumento na procura por imóveis, assim como nos preços de aluguéis e compra e venda de imóveis em suas regiões. Não apenas na Zona Sul, onde isso é sentido muito fortemente em relação a estrangeiros que buscam opções de moradia no Rio de Janeiro, mas também na Fazendinha, que fica em uma região com menos atrativos culturais e turísticos, como já observamos.

> É, estão comprando casa; antigamente vinha os bolivianos, agora é espanhol, muitos italianos, italiano tem muito. Dobrou. Tanto o aluguel como a compra. [Quanto custa?] Hoje, uma casa, aqui, é uma base de uns 50 mil. Antes, com 10 mil você comprava duas casas [liderança, Fazendinha].

> Não digo nem para você que valorizou muito, eu digo que eu acho que foi demais entendeu, o pessoal... Eles saíram da realidade, hoje a minha casa vale 60 mil, 100 mil, então ele saiu da realidade. [Me diz o valor de uma casa antes e depois, quanto que custava e quanto custa agora mais ou menos?] Uma casa antes você conseguiria comprar por 15 mil reais. Dois quartos, sala, cozinha e banheiro, hoje você não consegue comprar por 50, 60 mil [liderança, Vidigal].

> Está uma fortuna, a galera está dando uma surtada, porque o que acabou acontecendo... Valorizou-se muito pela questão do transporte mais rápido que é o metrô, as vias de acesso aqui estão tudo mais fácil, e a galera saiu danando a construir casa e sair alugando, ou seja, por quê? Porque a galera que estava morando lá embaixo, a classe C, está vindo morar aqui em cima, porque ainda que ela pague um aluguel, que ela pague uma luz, uma conta de água, ela pode viver em Ipanema feliz da vida, porque lá embaixo você paga IPTU, é condomínio, é isso, aquilo, aquilo outro e as pessoas não estão ganhando para isso [liderança, Cantagalo].

Mas as favelas também têm, para os moradores, suas benesses, e perguntamos a eles quais os aspectos positivos e as qualidades vistas por eles na favela onde habitam. A localização é a principal qualidade destacada pela maioria dos moradores — com maior ênfase no Vidigal e na Fazendinha.

A questão da localização da favela foi destacada também pelas lideranças com as quais conversamos:

> Porque não tem uma comunidade mais bem localizada do que Cantagalo, nós temos uma entrada do metrô aqui, tem uma outra aqui na Alberto de Campos, duas entradas de metrô. Você desce aqui em Ipanema tem mercado, ônibus, táxi para todo lado, a noite toda, tem tudo aqui, tem praia, porque lá no Vidigal você depende de uma condução só, depois de meia noite, depois de 22 horas não tem mais ônibus, sábado tem que depender de táxi, a noite você passa mal não tem táxi. Aqui não, você desce aqui embaixo é táxi toda hora, não tem como, na Rocinha também é a mesma coisa, tem uma condução só até aquelas horas, e os outros que é lá do subúrbio você sabe como que é [liderança, Cantagalo].

Gráfico 6 | Principal qualidade que a favela possui, em primeiro e segundo lugares (%)

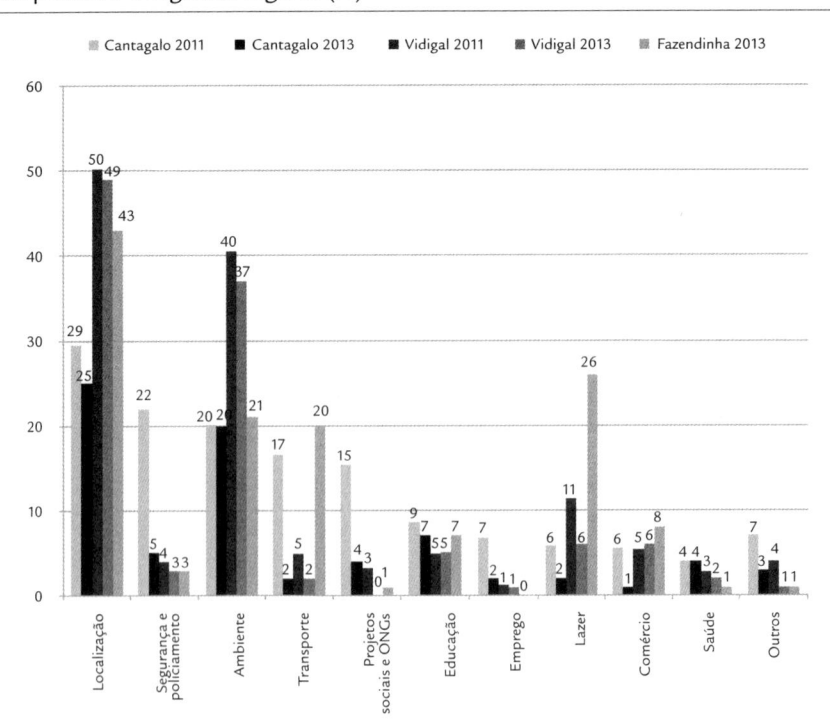

Base: 1.220 entrevistas

Por outro lado, essa mesma localização é apontada como conflituosa na medida em que a proximidade com as classes sociais mais altas coloca o jovem pobre, morador de favela, ao lado do morador do "asfalto" e mostra a desigualdade social. Além disso, o jovem morador da favela do Cantagalo é visto pelos moradores de outras comunidades mais afastadas, como *playboy* da Zona Sul:

> [...] então aqui na Zona Sul todos os morros, não só Cantagalo como Vidigal, como Rocinha, todas essas que pegam a Zona Sul, a esfera é um contraste social muito grande, nem todo jovem está preparado para isso não, porque ele está na favela, a mãe dele não pode porque ele tem mais três irmãos, a mãe, o pai não pode comprar uma bicicleta, mas ele desce e vê um com uma bicicleta de 3 mil na mão. Como que ele consegue entender? Então se ele não tiver um bom alicerce de família, um trabalho de estrutura, a cabeça dele não computa, aí ele consegue ser seduzido, ele consegue ser seduzido porque ele quer uma coisa imediata, é um poder imediato das coisas, então é difícil, até hoje isso não é diferente, porque a sedução pelo materialismo é muito forte, é o tempo inteiro os meios de comunicação nos incentivando a consumir [liderança, Cantagalo].

> Ele ser morador de uma comunidade na Zona Sul é mole, mas quando ele chega lá na Zona Norte e fala que é da Zona Sul ele também é discriminado, ah você é *playboy*, você mora no morro mas também é *playboy* da Zona Sul, a minha realidade aqui é outra [liderança, Vidigal].

O ambiente da favela é também muito valorizado, como já notamos na primeira rodada da pesquisa, funcionando como negação da visão corrente da favela como lócus de desorganização social, desordem e violência. A questão do ambiente é destacada também pela convivência entre os moradores:

> O que tem de bom, o que tem de coisa boa é a hospitalidade. Você pode bater na porta do seu vizinho, se estiver faltando um pouquinho de açúcar: ele vai te dar, ele não vai virar a cara, fechar a porta no teu rosto. Tem as lajes que você pode tomar banho à vontade, fazer um churrasco, tomar banho quando tem água, porque tem uma dificuldade de água danada [liderança, Fazendinha].

O transporte e o lazer são destaques na Fazendinha, principalmente em razão do teleférico. Mas não podemos ignorar as queixas das lideranças com relação à proibição dos bailes *funk* e à diminuição da oferta de lazer na comunidade. O lazer é apontado como uma das grandes questões, sobretudo para jovens e crianças:

> A gente, aqui, para ter baile, como tinha antigamente, para a comunidade, baile aqui é uma cultura. Então, a comunidade sempre teve os seus bailes. Hoje, para ter baile é uma burocracia muito grande, tem hora de começar, tem hora de acabar, não é todos os dias que pode ter... Quem controla isso é a UPP. A gente pede na (palavra incompreensível) da prefeitura, depois da prefeitura nós vamos no bombeiro, e do bombeiro nos vamos na UPP. Pra eles autorizarem o baile, tem hora de começar e hora de acabar. Tudo bem, até concordo. Mas só que é uma burocracia muito grande da UPP liberar o baile [liderança, Fazendinha].

> Hoje nós estamos com um problema grande: a energia elétrica. Ela está melhorando aos poucos, só que tem esses erros, hoje nós estamos muito tristes e chateados com festa, a dificuldade de você fazer uma festa, fazer um pagode, fazer um *pagofunk*. Você passa na Lapa, todo final de semana tem. Ah, mas lá eles vão, é Corpo de Bombeiro, vão na delegacia, a gente faz tudo isso, mas quando você chega lá você encontra uma barreira, qual é a barreira? Você vai no Corpo de Bombeiro, o Corpo de Bombeiro pede para você pagar uma taxa de 51 reais, ainda pede o documento da Polícia Militar, o documento da Polícia Civil, e uma declaração também de nada opor da subprefeitura. Quando você vai na subprefeitura o outro lá pede tudo isso, então fica jogando um para o outro só para não deixar você fazer a festa [liderança, Fazendinha].

> Porque eu queria muito conversar com a autoridade, porque aquela rua 3... Pra botar aqui uma área de lazer para as crianças brincarem. Porque aqui não tem como as crianças brincarem, e ali tem como, porque a criança pode passar por aqui e sair lá. Para as crianças brincar com a bicicleta delas, andar de patinete, botar uns pula-pula, isso eles não permitem pôr, mas... Várias ruas aí, todas fecham, porque uma comunidade que tem espaço para passar vários carros, para todo lugar, não vai interromper nada, não pode fechar de 8 às 4 para as crianças brincarem, na comuni-

dade? Isso seria muito importante. Porque é muito triste. As crianças têm uma bicicleta, têm um patinete, não têm lugar de andar. Não tem. Vai sair daqui, vai lá para a estrada da Boa Vista, vai para o aterro, que fecha... Poxa! [liderança, Fazendinha].

Na primeira rodada o policiamento e a segurança foram destaques no Cantagalo, e agora os moradores não atentam muito mais a isso, isto é, não lembram isso como um diferencial na qualidade de vida.

Nas entrevistas qualitativas focamos bastante na comparação entre antes e depois das UPPs, perguntando aos entrevistados o que percebem, se melhorou, piorou ou ficou tudo igual. A avaliação geral é sempre no sentido de que melhorou, mas que a melhoria alcançada está bem longe do ideal, de ser suficiente:

Melhorou. Se eu falar para a senhora que não melhorou... Fez diferença, não vou falar que não. Se eu falar que não, estou mentindo. Fez. Só que é o seguinte, se o governo do estado implantou a UPP aqui, então ela tem que cuidar do lugar onde ele implantou a UPP, então o governo tem que trazer Light, Cedae, Comlurb, projeto para jovens, projetos sociais, não é só implantar a UPP que vai melhorar o Complexo do Alemão todo, a Palmeiras toda. Não. Porque a UPP ajuda, tudo bem, não vou falar que não. Mas tem muitos maus policiais na UPP, que ainda pegam moradores e não sabem abordar um morador com educação, como tem que ser abordado. Então, o governo acha que só implantar UPP e melhorou o Complexo do Alemão. Negativo. A Palmeiras falta água, falta esgoto, falta projeto social, falta coleta de lixo. Falta muita coisa. Eu estou falando das Palmeiras. Agora, se a senhora for fazer uma visita no Morro da Esperança, você vai ver que lá é pior do que aqui [liderança, Fazendinha].

Olha só, só melhorou, eu vou ser sincero contigo, entendeu, porque não tem mais aquele conflito: ah o caveirão vai subir, a polícia está subindo, você foi buscar teu filho e você não sabe se você vai chegar em casa, entendeu, porque foi o que eu te falei: tem a ocupação, mas cadê o trabalho social, cadê verdadeiramente o trabalho social? Você vai nos teleféricos, você não vê trabalho social. [...] e ficou ruim porque a gente está tendo dificuldade de fazer, não pode fazer festa, fazer baile *funk*. [...] a gente está chateado por estar sendo negado o nosso direito de ter o nosso lazer [liderança, Fazendinha].

Está melhor, porque eu passei vários momentos de guerra, eu fui uma das vítimas dessa guerra do tráfico, perdi já um primo pro tráfico, com o uso da droga e é naquele momento da gente estar na rua e a bala comer nas facções e a gente ter que ficar no ponto de ônibus, não poder subir pra casa, ter que dormir lá embaixo, procurar os vizinhos. E eu que moro ali pra dentro de uma área praticamente de risco onde era a área mesmo de confronto de bala entrar dentro da minha casa... Já aconteceu da minha tia ligar e quando botar o telefone no gancho voltar e escutar um barulho e quando foi ver a bala passou perto da cabeça. Na hora que eu voltei escutei um barulho e passou na janela de alumínio e alojou na parede. Pessoas ficando doentes mentais, porque não é mole você escutar granada, tiro, grito. Eu mesmo tive síndrome do pânico de escutar passos e meu coração pulsar, e tem pessoas que ficam até hoje sofrendo, né? Mudou muito... Por isso que tem que ser feito um trabalho bem feito, pra que isso não volte, pra que o morador tenha essa confiança, porque tem esse negócio: ah, isso vai durar até 2016. [Tem essa preocupação?] Tem, o morador tem esse medo porque isso aí nós estamos vendo em outras comunidades pacificadas, o morador ser cobrado porque estava ali conversando com PM que estava ali em contato e a gente vê isso aí em várias comunidades, as pessoas começam: Opa, calma aí! [liderança, Vidigal].

Ao falar sobre as expectativas dos moradores das favelas "pacificadas", Leite[25] afirma que certamente não basta a diminuição da violência do tráfico e da polícia (o que foi atingido, e é visível a partir de diversas pesquisas, entre as quais a de Cano),[26] mas que esperam a integração da favela à cidade de fato

> [...] a partir do reconhecimento efetivo de sua cidadania e com a execução de políticas públicas não verticalizadas nesses territórios. Podemos compreender este anseio como uma demanda para o Estado romper de fato com a metáfora da guerra, garantindo-lhes de forma permanente o mesmo tratamento a que têm direito como qualquer cidadão. Isto significa, certamente, o acesso a um mínimo de bem-estar

---

[25] LEITE, Márcia Pereira. "Da metáfora da guerra ao projeto de pacificação", 2012, op. cit.
[26] CANO, Ignacio et al. (Coord.). *Os donos do morro*: uma avaliação exploratória do impacto das unidades de polícia pacificadora (UPPs) no Rio de Janeiro. Rio de Janeiro: Fórum Brasileiro de Segurança Pública, 2012. Disponível em: <http://riorealblog.files.wordpress.com/2012/07/relatc-3b3riofinalcaf13.pdf>. Acesso em: 20 dez. 2013.

social, mas significa também o respeito a seus direitos civis e à sua autonomia como sujeitos. Só ouvindo-os, podemos ter a esperança de uma integração efetiva em uma cidade segregada como o Rio de Janeiro.[27]

Por fim, investigamos o nível de associativismo, de participação, e o envolvimento dos moradores em assuntos da comunidade. No Vidigal e na Fazendinha, a participação é muito baixa, sendo que no Cantagalo aumentou entre as duas rodadas da pesquisa.

O percentual de entrevistados que declarou nunca participar de atividades relacionadas aos problemas da comunidade, como reuniões da associação de moradores, manifestações etc., foi de 36% no Cantagalo (contra 56% na primeira rodada), de 80% nas favelas do Vidigal e de 86% na Fazendinha. Como já observamos em 2011, a geografia do Cantagalo e a força do movimento pela regularização da propriedade contribuem para que a participação ali seja maior.

Gráfico 7 | Frequência com que moradores participam de atividades relacionadas a problemas da comunidade (%)

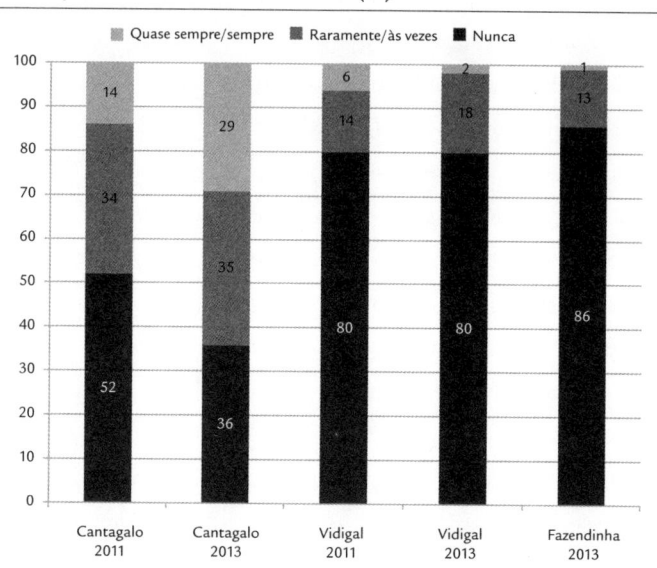

| | Quase sempre/sempre | Raramente/às vezes | Nunca |
|---|---|---|---|
| Cantagalo 2011 | 14 | 34 | 52 |
| Cantagalo 2013 | 29 | 35 | 36 |
| Vidigal 2011 | 6 | 14 | 80 |
| Vidigal 2013 | 2 | 18 | 80 |
| Fazendinha 2013 | 1 | 13 | 86 |

Base: 1.220 entrevistas.

---

[27] LEITE, Márcia Pereira. "Da metáfora da guerra ao projeto de pacificação", 2012, op. cit., p. 384-385.

## Considerações finais

A favela, ao longo do século XX, deixou de ser um problema apenas de polícia e passou a ser considerada também um problema social. Hoje, continua sendo problema de polícia, na medida em que há um tipo de policiamento específico, destinado somente a ela: as Unidades de Polícia Pacificadora. E continua a ser um problema social, pois mesmo com uma série de projetos voltados para a urbanização e inclusão desses territórios à cidade (Favela-Bairro, PAC, entre outros), os déficits de infraestrutura e urbanização persistem, como apontado pelos moradores, indicando que embora o Estado não esteja mais ausente das favelas, essa presença tem sido insuficiente.

Somados a essas continuidades, há novos desafios, como o aumento do custo de vida, com destaque para os valores dos imóveis, tanto para aluguel quanto para compra e venda, e com isso o fantasma da "expulsão branca". Frente a esse cenário, restam dúvidas sobre a superação da dicotomia morro × asfalto. Estariam as favelas sendo incluídas à cidade de fato?

Não podemos negar que as UPPs trouxeram melhorias para a vida dos moradores, como eles mesmos afirmam, mas elas continuam a reforçar a dicotomia morro × asfalto, seja pela realização de um tipo de policiamento diferente daquele provido para outras áreas da cidade, seja por não propiciarem a vinda dos serviços sociais esperados, tanto no que concerne a infraestrutura e urbanização quanto em relação a projetos sociais permanentes que extrapolem o "*boom* de ONGS" ou o "*boom* de gringos". Há também o receio que os moradores demonstram em relação à não continuidade desse projeto, assim como as inseguranças quanto à "expulsão branca", que também apontam para a fragilidade com a qual se colocam diante das políticas públicas em curso.

Além disso, as formas de "sociabilidade" e o "modo de vida" desses moradores, vigentes há décadas, não podem ser transformados por uma política pública estabelecida de fora, sem a participação desses moradores e sem passar por políticas públicas voltadas para a educação.

# Referências

BARTH, Fredrik; LASK, Tomke (Org.). *O guru, o iniciador e outras variações antropológicas*. Rio de Janeiro: Contracapa, 2000.

CANO, Ignacio et al. (Coord.). *Os donos do morro*: uma avaliação exploratória do impacto das unidades de polícia pacificadora (UPPs) no Rio de Janeiro. Rio de Janeiro: Fórum Brasileiro de Segurança Pública, 2012. Disponível em: <http://riorealblog.files.wordpress.com/2012/07/relatc3b3riofinalcaf13.pdf>. Acesso em: 20 dez. 2013.

CLASTRES, Pierre. *Arqueologia da violência*. São Paulo: Cosac Naify, 2011.

FREIRE, Leticia de Luna. Favela, bairro ou comunidade? Quando uma política urbana torna-se uma política de significados. *Dilemas*, Rio de Janeiro, v. 1, n. 2, p. 95-114, 2008. Disponível em: <http://revistadil.dominiotemporario.com/doc/Dilemas2Art4.pdf>. Acesso em: 21 mar. 2012.

GUEDES, Simone Lahud. *Jogo de corpo*: um estudo de construção social de trabalhadores. Niterói: Eduff, 1997.

INSTITUTO BRASILEIRO DE GEOGRAFIA E ESTATÍSTICA (IBGE). *Censo 2010*. Rio de Janeiro: IBGE, 2010-2012. Disponível em: <http://censo2010.ibge.gov.br/>. Acesso em: 3 fev. 2014.

LEITE, Márcia Pereira. Da metáfora da guerra ao projeto de pacificação: favelas e políticas de segurança pública no Rio de Janeiro. *Revista Brasileira de Segurança Pública*, São Paulo, v. 6, n. 2, p. 374-388, 2012.

MELO, Victor; PERES, Fábio. A cidade e o lazer: as desigualdades socioespaciais na distribuição dos equipamentos culturais na cidade do Rio de Janeiro e a construção de um indicador que oriente as ações em políticas públicas. *Movimento*, Porto Alegre, v. 11, n. 3, p. 127-151, set./dez. 2005.

OLIVEIRA, Fabiana Luci de. *UPPs, direitos e justiça*: um estudo de caso das favelas do Cantagalo e do Vidigal. Rio de Janeiro: FGV, 2012.

PREFEITURA DA CIDADE DO RIO DE JANEIRO. *Sistema de Assentamentos de Baixa Renda (Sabren)*. Rio de Janeiro: Sabren, 2002 Disponível em: <http://portalgeo.rio.rj.gov.br/sabren/Favelas/default_esquerda.htm>. Acesso em: 28 jan. 2014.

RIO DE JANEIRO (Estado). Secretaria de Estado de Segurança (Seseg). *Resolução Seseg nº 565, de 19 de junho de 2012*: cria, sem aumento de efetivo e de despesas, na estrutura da Polícia Militar do Estado do Rio de Janeiro, a UPP Fazendinha, no município do Rio de Janeiro e dá outras providências. Disponível em: <www.rj.gov.br/web/seseg/exibeConteudo?article-id=1516376>. Acesso em: ago. 2014.

SILVA, Luiz Antonio Machado da. *Vida sob cerco*: violência e rotina nas favelas do Rio de Janeiro. Rio de Janeiro: Nova Fronteira, 2008.

\_\_\_\_\_. "Violência urbana", segurança pública e favelas: o caso do Rio de Janeiro atual. *Caderno CRH*, Salvador, v. 23, n. 59, p. 283-300, 2010.

\_\_\_\_\_. *Dilemas*, Rio de Janeiro, v. 4, n. 4, p. 699-716, 2011.

VALLADARES, Licia do Prado. *A invenção da favela*: do mito de origem a favela.com. Rio de Janeiro: FGV, 2005.

WACQUANT, Loïc. The militarization of urban marginality: Lessons from the Brazilian metropolis. *International Political Sociology*, Tucson, v. 2, n. 1, p. 56-74, mar. 2008.

ZALUAR, Alba; ALVITO, Marcos. *Um século de favela*. Rio de Janeiro: FGV, 1998.

## CAPÍTULO 3
## Cidadania, cultura jurídica e os direitos do consumidor nas favelas cariocas

FABIANA LUCI DE OLIVEIRA

TÂNIA ABRÃO RANGEL

Falar de favelas hoje é diferente de falar de favelas na década de 1990, ou mesmo no início dos anos 2000. Apesar da persistência de muitos dos estigmas e estereótipos associados a esses territórios, a realidade econômica das favelas mudou. As favelas não ficaram imunes às transformações pelas quais passou a estrutura socioeconômica da sociedade brasileira na última década.

Estudiosos das dinâmicas sociais das periferias urbanas, como Cunha e Feltran,[1] por exemplo, assinalam que as chaves explicativas tradicionalmente utilizadas para analisar a vida social nas periferias já não dão conta de explicá-la bem. E entre as mudanças expressivas que os autores apontam na dinâmica das periferias está a expansão e o barateamento do crédito popular, criando novos consumidores.

Não é desprezível o fato de que, entre os anos de 2000 e 2012, cerca de 40 milhões de pessoas foram alçadas ao meio da pirâmide socioeconômica, na condição de "nova classe média", ou classe C, de acordo com o "critério Brasil" da Associação Brasileira de Empresas de Pesquisa (Abep),[2] que se baseia no

---

[1] CUNHA, Neiva Vieira da; FELTRAN, Gabriel de Santis (Org.). *Sobre periferias*: novos conflitos no Brasil contemporâneo. Rio de Janeiro: Lamparina, 2013. p. 10-11.
[2] WADA, Ricardo Morishita; OLIVEIRA, Fabiana Luci de. *Direito do consumidor*: os 22 anos de vigência do CDC. Rio de Janeiro: Campus-Elsevier, 2011.

padrão de consumo das famílias para classificá-las em oito estratos: classes A1, A2, B1, B2, C1, C2, D e E.

Se considerarmos a definição da Secretaria de Assuntos Estratégicos da Presidência da República, que classifica como classe média famílias que vivem com renda *per capita* entre R$ 291 e R$ 1.019 mensais,[3] verificaremos que pouco mais da metade dos domicílios em favelas no país (51,2%) poderiam ser considerados de classe média, de acordo com os dados do Censo 2010,[4] por estarem nessa faixa de rendimento.

É necessário ponderar que esse conceito de classe média está bem distante do conceito clássico, que a entende como grupo da pequena burguesia, proprietário de pequenos meios de produção e empresas de pequeno porte, ou do conceito de classe média composta por profissionais liberais, gerentes e "funcionários de colarinho branco".[5]

Essa nova classe média que está aí, e que a mídia vem celebrando, é aquela que aufere a renda média da sociedade, um conceito mais estatístico do que propriamente sociológico.

Feita essa ressalva conceitual, precisamos considerar que as favelas tiveram melhorias econômicas e no padrão de consumo de seus moradores, que estão consumindo mais. Os dados do censo de 2010 divulgados pelo IBGE mostram que TV e geladeira são bens quase universais nas favelas, ao passo que o acesso à internet está bastante presente, mas ainda é menor que nas áreas que não se encontram em favela (20,2% dos domicílios em favela têm internet, comparados a 48% dos domicílios nas demais áreas).[6]

---

[3] Disponível em: <http://memoria.ebc.com.br/agenciabrasil/noticia/2012-05-29/nova-classe-media-brasileira-tem-renda-entre-r-291-e-r-1019-familiar-capita-define-governo>. Acesso em: 2 fev. 2014.
[4] A esse respeito, ver D'AGOSTINO, Rosanne. Nova classe média inclui ao menos 50% das famílias em favelas do país. *G1 Economia*, São Paulo, 1 out. 2012. Disponível em: <http://g1.globo.com/economia/noticia/2012/10/nova-classe-media-inclui-ao-menos-50-das-familias-em-favelas-do-pais.html>. Acesso em: 25 mar. 2013.
[5] OLIVEIRA, Fabiana Luci. Percepção, hábitos e atitudes dos brasileiros com relação aos direitos do consumidor. In: WADA, Ricardo Morishita; OLIVEIRA, Fabiana Luci de (Org.). *Direito do consumidor*: os 22 anos de vigência do CDC. Rio de Janeiro: Campus-Elsevier, 2012. v. 1, p. 1-29.
[6] Ver resultados do Censo 2010 para aglomerados subnormais. Disponível em: <www.censo2010.ibge.gov.br/agsn/>. Acesso em: 20 jan. 2014. Ver também SPITZM, Clarice; CASTRO, Juliana. IBGE: consumo de TV e geladeira aproxima favela do resto da cidade, mas exclusão digital se mantém. *O Globo*, Rio de Janeiro, 6 nov. 2013. Disponível em: <http://oglobo.globo.com/pais/ibge-consumo-de-tv-geladeira-aproxima-favela-do-resto-da-cidade-mas-exclusao-digital-se-mantem-10695010>. Acesso em: 20 jan. 2014.

Considerando especificamente as favelas cariocas, o instituto de pesquisa Data Popular apontou que o consumo nessas localidades movimenta cerca de R$ 13 bilhões por ano,[7] e que esses consumidores ampliaram e diversificaram sua cesta de produtos e serviços.

Além disso, as políticas públicas implementadas nas favelas, em especial as relacionadas à implantação das UPPs (Unidades de Polícia Pacificadora), pelo governo do estado do Rio de Janeiro, e da UPP Social, pela prefeitura do município do Rio de Janeiro, alteraram a forma de planejamento, execução e manutenção das políticas públicas implementadas até então, ampliando ainda mais a entrada de empresas e serviços nas favelas.

Segundo Marcelo Baumann Burgos e colaboradores, a melhoria no poder de consumo dos moradores das favelas está em curso desde a década de 1990, intensificando, sobretudo, a atividade imobiliária nessas localidades. A economia nas favelas, antes da entrada das UPPs, vivia majoritariamente na informalidade, guiada pela "lei do mais forte", expropriando dos moradores além de direitos civis básicos, seus direitos de consumidor assegurados pelo Código de Defesa do Consumidor (CDC). Segundo os autores, após a pacificação esses moradores passaram a ter "mais condições de acesso a bens até então inacessíveis, mas sob o preço de viver sob o jugo de grupos cada vez mais especializados em converter poder territorial em poder econômico e poder econômico em poder territorial".[8]

Mas o consumo pode ser pensado como uma forma de inserção social e uma via para o exercício da cidadania. Portanto, é nosso interesse explorar o que os moradores das favelas sabem sobre seus direitos de consumidor, mapeando suas percepções, hábitos e atitudes com relação ao exercício desses direitos, posicionando esse conhecimento em um quadro mais amplo de "cultura legal ou jurídica", conforme especificaremos mais adiante.

Não se deve esquecer também que o Estado, como prestador e regulador de serviços à sociedade, muitas vezes se comunica e se relaciona com o cidadão

---

[7] Pesquisa realizada pelo Instituto Data Popular e divulgada em outubro de 2013. Ver: CONSUMO nas favelas movimenta R$ 13 bi por ano, diz pesquisa. *Folha de S.Paulo*, São Paulo, 20 fev. 2013. Seção "Mercado".
[8] BURGOS, Marcelo Baumann et al. O efeito UPP na percepção dos moradores das favelas. *Desigualdade & Diversidade*: revista de ciências sociais da PUC-Rio, Rio de Janeiro, n. 11, p. 56, 2012.

como se este consumidor fosse, buscando nas expectativas, aprovações e críticas de seus usuários parte das informações para implementação, manutenção e alteração dos serviços.[9]

Em suas acepções mais clássicas, a cidadania pode ser entendida tanto em seu aspecto republicano, que pressupõe a participação do cidadão na formação das leis e das políticas de governo,[10] como no liberal, que faz do cidadão o sujeito de direitos, aquele que tem a proteção do Estado para defender suas prerrogativas.

O direito do consumidor compõe tanto o aspecto liberal como o republicano. No liberal, é fácil perceber que o direito do consumidor é um dos direitos que o cidadão possui e que tem a proteção do Estado para sua efetivação.

De acordo com Canclini,[11] a cidadania não teria a ver apenas com os direitos reconhecidos pelo Estado para os que nasceram em um território (direitos civis, sociais e políticos), tendo a ver também com as práticas sociais e culturais que dão sentido de pertencimento, e o consumo estaria entre essas práticas.

Não ignoramos aqui as críticas feitas ao modelo de cidadania como consumo, por exemplo a feita por Philip Oxhorn, que afirma que esse modelo é reflexo de uma sociedade civil fraca e acentua os problemas históricos de desigualdade na América Latina. Segundo ele, nesse modelo de cidadania "os cidadãos são mais bem compreendidos como consumidores, gastando seus votos e seus escassos recursos econômicos para ter acesso ao que deveriam ser direitos mínimos de cidadania democrática".[12]

Tampouco ignoramos as principais diferenças identificadas pelos teóricos entre consumidor e cidadão. Essas diferenças são resumidas por Michael Schudson da seguinte maneira: "Cidadãos votam, consumidores demandam; cidadãos possuem espírito público e consumidores são interessados em seus próprios interesses; cidadãos habitam comunidades cooperativas e consumidores vivem em

---

[9] Ver, por exemplo, LOWI, Theodore J. Four systems of policy, politics, and choice. *Public Administration Review*, Chicago, IL, v. 32, n. 4, p. 298-310, jul./ago. 1972.
[10] A acepção republicana do conceito de cidadania é baseada nos conceitos de cidadania de Aristóteles (*Política*) e de Rousseau (*O contrato social*).
[11] CANCLINI, Néstor García. *Consumidores e cidadãos*: conflitos multiculturais da globalização. Rio de Janeiro: UFRJ, 1999. p. 46.
[12] OXHORN, Philip. Cidadania como consumo ou cidadania como agência: uma comparação entre as reformas de democratização da Bolívia e do Brasil. *Sociologias*, Porto Alegre, v. 12, n. 24, p. 24, maio/ago. 2010.

locais isolados".¹³ Porém, o próprio autor entende que não é tão simples separar as atuações do cidadão e do consumidor, uma vez que o consumidor pode ter escolhas políticas na hora de adquirir um produto, assim como algumas vezes escolhas políticas são baseadas em experiências individuais. Ademais, acrescenta que a visão que os teóricos apresentam da política, como sendo o espaço de discussão sobre as melhores escolhas para a sociedade, pode não encorajar a participação dos cidadãos. Ao final, conclui: "O contraste entre cidadão e consumidor não reside fora da nossa vida cívica, mas é um elemento constitutivo dela".¹⁴

É pela via do consumo que parte das pessoas, até então às margens da sociedade, passam a ter acesso a bens e serviços essenciais que possibilitam uma vida mais digna, e com isso passam também a questionar acerca dos seus direitos, tanto como consumidores quanto, para além disso, como cidadãos. Um exemplo disso seria a onda de protestos e manifestações que ocorreu no Brasil em 2013, lida por muitos, entre os quais o cientista político norte-americano Francis Fukuyama, como um reflexo dessa mobilidade para a classe média, via consumo, de pessoas que passaram a ter acesso a mais informação e a protestar contra a corrupção na política, demandando melhor alocação dos recursos públicos e melhoria na qualidade de serviços como transporte, educação, saúde.¹⁵

Mais recentemente, ganharam destaque os "rolezinhos", que começaram como movimento de lazer, em que jovens das periferias combinavam, via redes sociais, encontros para passear nos *shoppings* das grandes cidades. Esses encontros foram aumentando de proporção, reunindo milhares de jovens e provocando reação de lojistas e dos *shoppings*, que acionaram a Justiça para a proibição dos eventos, obtendo decisões judiciais que ora autorizavam, ora proibiam os encontros. Os rolezinhos também provocaram violência policial e alguns casos isolados de

---

[13] No original *"citizens vote, consumers demand; citizens are public-spirited and consumers are self-interested; citizens inhabit cooperative communities and consumers live in isolated locales"* (SCHUDSON, Michael. The troubling equivalence of citizen and consumer. The annals of the American Academy of Political and Social Science, Filadélfia, PA, n. 608, p. 197, 2006).
[14] Em inglês: *"The contrast between citizen and consumer stands not outside our civic life but is a constitutive element of it"* (SCHUDSON, Michael. "The troubling equivalence of citizen and consumer", 2006, op. cit., p. 198).
[15] FUKUYAMA, Francis. The middle-class revolution. *The Wall Street Journal*, Nova York, 28 jun. 2013. Disponível em: <http://online.wsj.com/news/articles/SB10001424127887323873904578571472700348086>. Acesso em 20 nov. 2013.

vandalismo, transformando o que seria um simples programa de jovens das periferias em busca de participação nos espaços de consumo e lazer em fenômeno de repercussão e discussão nacional, ganhando caráter político.[16] A tal ponto que líderes desses movimentos passaram a ser procurados por partidos políticos.[17]

Concordamos, portanto, que consumo não é sinônimo de cidadania, mas defendemos que o consumo pode ser pensado como uma via para despertar noções de participação e cidadania, a exemplo dos "rolezinhos", pois consumo é uma via de inserção social e acesso à informação.

O texto que se segue parte dessa perspectiva e investiga ideias, valores, expectativas e atitudes dos moradores das favelas estudadas com relação ao direito e às instituições jurídicas, explorando sua cultura jurídica geral (*legal culture*),[18] mensurando seu conhecimento e atitudes com relação às instituições de justiça, dando destaque à dimensão dos direitos do consumidor.

## Cultura jurídica geral: conhecimento dos direitos e das instituições de justiça

Na rodada anterior da pesquisa, em 2011, exploramos a extensão do conhecimento dos moradores das favelas acerca dos seus direitos, partindo de pesquisa do Cpdoc, coordenada por Pandolfi e colaboradores[19] no final da década de 1990, na qual se verificou que a maioria das pessoas não conhecia os direitos fundamentais da cidadania.

---

[16] Há diversos artigos, publicados em jornais, nacionais e estrangeiros, que tratam do tema. Para ter os dois lados da discussão, há o artigo de ABRAMOVAY, Pedro. Liminar que assegura 'rolezinho' assegura 'direito à segregação'. Disponível em: <www1.folha.uol.com.br/cotidiano/2014/01/1397333-opiniao-liminar-que-proibe-rolezinho-assegura-direito-a-segregacao.shtml>. *Folha de S.Paulo*, São Paulo, 14 jan. 2014. Acesso em: 3 fev. 2014. No sentido contrário, PENTEADO, Mauro Rodrigues. Tal como são, os 'rolezinhos' atentam contra os direitos coletivos. *Folha de S.Paulo*, São Paulo, 14 jan. 2014. Disponível em <www1.folha.uol.com.br/cotidiano/2014/01/1397335-opiniao-tal-como-sao-os-rolezinhos-atentam-contra-direitos-coletivos.shtml>. Acesso em: 3 fev. 2014.

[17] Ver GUANDELINE, Leonardo. Líderes de rolezinho reclamam de assédio político de partidos políticos em SP. *O Globo*, Rio de Janeiro, 31 jan. 2014. Disponível em: <http://oglobo.globo.com/pais/lideres-de-rolezinhos-reclamam-de-assedio-de-partidos-politicos-em-sp-8-11457822>. Acesso em: 3 fev. 2014.

[18] FRIEDMAN, Lawrence. Legal culture and the welfare state. In: TEUBNER, G. *Dilemmas of law in the welfare state*. Berlim, NY: Walter de Gruyter, 1988. p. 13-23.

[19] PANDOLFI, Dulce Chaves et al. *Cidadania, justiça e violência*. Rio de Janeiro: FGV, 1999.

Os autores realizaram um *survey* com moradores da região metropolitana do Rio de Janeiro e, entre diversas perguntas, solicitaram aos entrevistados que mencionassem até três direitos que os brasileiros possuem. Como resultado, 56,7% dos entrevistados não souberam mencionar sequer um direito garantido aos cidadãos. E entre aqueles que souberam citar algum direito, houve o predomínio dos direitos sociais, com 25,8% das menções, seguidos dos direitos civis, com 11,7%, sendo que apenas uma minoria citou algum direito político (1,6% dos entrevistados).

Ao aplicarmos pergunta semelhante aos moradores das favelas do Cantagalo e do Vidigal, constatamos um resultado também acentuado de desconhecimento de direitos, tanto na rodada da pesquisa em 2011 quanto agora, em 2013.

Em 2011, não souberam mencionar sequer um direito 55% dos moradores do Cantagalo e 50% dos moradores do Vidigal. Mas o peso relativo dado aos direitos citados foi diferente, pois nas favelas as menções aos direitos civis têm o mesmo peso que os direitos sociais. Os direitos civis são mais lembrados nas favelas do que no asfalto, em virtude de serem muito mais desrespeitados nas favelas, especialmente a liberdade de ir e vir, o que levou seus moradores a darem maior atenção a eles.

Na rodada atual da pesquisa, ampliamos a abordagem acerca do conhecimento de direitos, incluindo um rol mais amplo de perguntas, dando destaque aos direitos humanos (tema abordado no quarto capítulo deste livro) e aos direitos do consumidor, e buscando mapear a extensão e o sentido da cultura jurídica dos moradores das favelas.

A primeira indagação dirigida a esses moradores foi a respeito da Constituição de 1988. Perguntamos aos entrevistados se eles conheciam ou já tinham ouvido falar da Constituição do país. Pouco mais da metade respondeu positivamente, sendo que no Vidigal o conhecimento declarado foi significativamente maior. Aqui se percebe que o comando constitucional[20] que almejava que

---

[20] O art. 64 do Ato das Disposições Constitucionais Transitórias da atual Constituição brasileira dispõe: "A Imprensa Nacional e demais gráficas da União, dos Estados, do Distrito Federal e dos Municípios, da administração direta ou indireta, inclusive fundações instituídas e mantidas pelo Poder Público, promoverão edição popular do texto integral da Constituição, que será posta à dis-

cada cidadão brasileiro tivesse uma Constituição, mesmo após 25 anos de sua promulgação, ainda está longe de ser cumprido.

É perceptível a influência da escolaridade nesse aspecto, com apenas 34% dos moradores de baixa escolaridade (ensino fundamental) conhecendo ou tendo ouvido falar da Constituição de 1988, contra 78% dos que possuem maior escolaridade (superior incompleto ou completo).

Aos que disseram conhecer, perguntamos se saberiam ou não dizer o que é a Constituição, e 39% responderam afirmativamente. Considerando a amostra total de entrevistados, vemos que apenas 23% do total de entrevistados declararam saber dizer o que é a Constituição. Novamente, quanto maior a escolaridade, maior o entendimento — apenas 11% entre os de menor escolaridade disseram que saberiam dizer o que é a Constituição, comparados a 31% entre os entrevistados de maior escolaridade.

Gráfico 1 | Percentual de entrevistados que declararam conhecer e saber dizer o que é a Constituição do país (%)

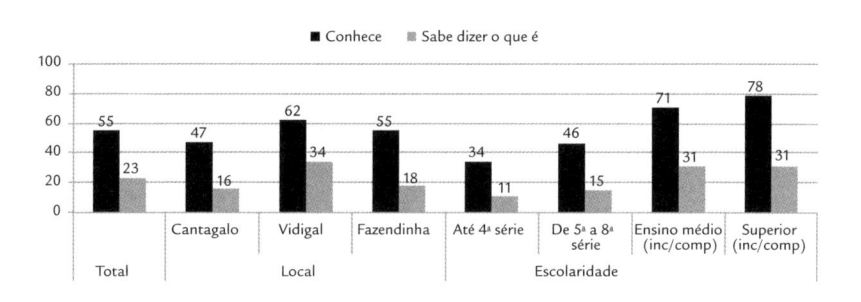

Base: 1.220 entrevistas.

posição das escolas e dos cartórios, dos sindicatos, dos quartéis, das igrejas e de outras instituições representativas da comunidade, gratuitamente, de modo que cada cidadão brasileiro possa receber do Estado um exemplar da Constituição do Brasil".

Gráfico 2 | Definição sobre o que entendem ser a Constituição do país (%)

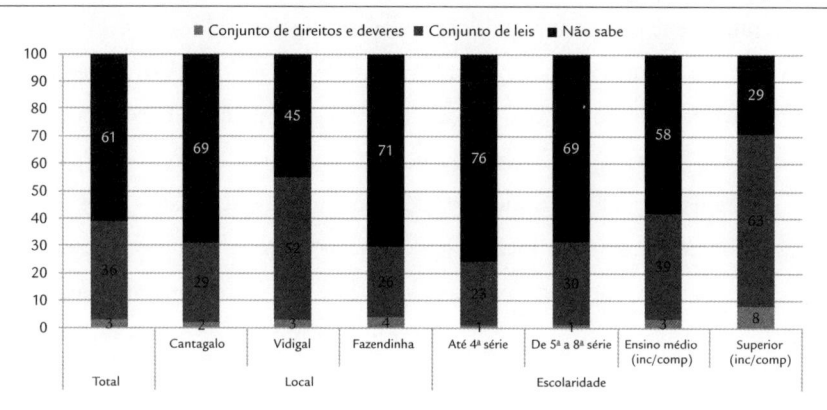

■ Conjunto de direitos e deveres  ■ Conjunto de leis  ■ Não sabe

| | Total | Cantagalo | Vidigal | Fazendinha | Até 4ª série | De 5ª a 8ª série | Ensino médio (inc/comp) | Superior (inc/comp) |
|---|---|---|---|---|---|---|---|---|
| Não sabe | 3 | 2 | 3 | 3 | 1 | 1 | 3 | 8 |
| Conjunto de leis | 61 | 69 | 45 | 71 | 76 | 69 | 58 | 29 |
| Conjunto de direitos e deveres | 36 | 29 | 52 | 26 | 23 | 30 | 39 | 63 |

Local | Escolaridade

Base: 661 entrevistados que declararam conhecer ou já ter ouvido falar da Constituição do país.

A principal definição dada pelos entrevistados é a de Constituição como o "conjunto de leis do país", sendo que um pequeno número afirma que é o "conjunto de direitos e deveres". Isso significa que há, por parte dos entrevistados que tentaram conceituar o que é a Constituição, a noção de ser uma norma feita pelo Estado, com direitos e obrigações. Não há, porém, a noção de sua hierarquia no sistema normativo, que poderia ser auferida com respostas do tipo é "a lei principal do país" ou "a lei maior".

Aos que declararam conhecer ou ter ouvido falar da Constituição (55% dos entrevistados), perguntamos se saberiam dizer algum direito que a Constituição ou as leis garantem aos brasileiros, e o nível de desconhecimento de direitos não se alterou agora comparado à rodada de 2011, com a maioria dos moradores do Cantagalo, do Vidigal e da Fazendinha (no Complexo do Alemão) desconhecendo esses direitos.

> É muito frágil essa ideia de direito, eles têm uma nuvem, uma fumaça, uma suposição. Mas aí eles perguntam. Eles vão lá, muito humildes, e perguntam: "Eu posso fazer isso?", "Como eu posso fazer isso?", "Isso me cabe?". Então, nós trabalhamos muito com este trabalho do preventivo, de conversar, explicar os direitos [ONG, Vidigal].

O nível de desconhecimento pode ter permanecido alto entre as duas rodadas da pesquisa, mas o peso relativo dos direitos mencionados se alterou, com os direitos sociais sendo mais lembrados que os civis agora, em 2013. Isso parece ser reflexo do processo de "pacificação". Com a entrada da polícia e a promessa de mais Estado e serviços públicos, a população passou a cobrar mais por isso e a sentir mais falta de educação e saúde do que da liberdade e do direito de ir e vir, este que de certa forma lhes foi garantido pela "recuperação do território". Ou seja, enquanto eram dominadas pelo tráfico, a lei que imperava nas favelas era "a lei do mais forte". Assim, os moradores não conseguiam exercer seus direitos e a liberdade básica de ir e vir, sentindo nisso suas maiores limitações. Com a pacificação, a população passa a ter assegurado o direito de ir e vir, deixando esta de constituir uma preocupação, e passando, então, a população a demandar do Estado os direitos de bem-estar social, isto é, os direitos sociais.

Se na primeira rodada da pesquisa a liberdade de ir e vir foi o direito mais mencionado no Cantagalo e no Vidigal (17% e 21% dos entrevistados, respectivamente), na rodada atual os mais mencionados foram saúde (16% no Cantagalo, 31% no Vidigal) e educação (13% no Cantagalo, 31% no Vidigal). Na Fazendinha, os dois direitos mais lembrados foram saúde e liberdade de ir e vir (13% e 10% respectivamente), lembrando que o processo de pacificação é mais recente no Complexo do Alemão que nas outras favelas estudadas aqui.

A maior expressividade das menções à saúde e à educação no Vidigal do que nas outras localidades pode se dever também ao fato de ser esta a única das três favelas estudadas que ainda não havia sido atendida pelo programa Escolas do Amanhã[21] nem possuía unidade da Clínica da Família[22] no momento de realização das entrevistas, entre início e meados de 2013.

---

[21] Conforme informação disponível no *site* da UPP Social, o programa Escolas do Amanhã "oferece educação em tempo integral, reforço escolar, atividades esportivas, laboratórios de ciência, além de salas de saúde, leitura e informática". Disponível em: <www.uppsocial.org/acao-prefeitura/escola-do-amanha-secretaria-municipal-de-educacao/#sthash.56IH0GLV.dpuf>. Acesso em: 3 fev. 2014.
[22] A Clínica da Família permite a realização de "exames laboratoriais, raio-x e ultrassom, além de consultas e outros procedimentos". Disponível em: <www.uppsocial.org/acao-prefeitura/estrategia-de-saude-da-familia/#sthash.C1G5clKr.dpuf>. Acesso em: 3 fev. 2014.

Quadro 1 | Direitos mais citados (%)

| | Cantagalo 2011 | Vidigal 2011 | Cantagalo 2013 | Vidigal 2013 | Fazendinha 2013 |
|---|---|---|---|---|---|
| Liberdade de ir e vir | 17 | 21 | 8 | 27 | 10 |
| Saúde | 15 | 15 | 16 | 31 | 13 |
| Educação | 13 | 16 | 13 | 32 | 7 |
| Moradia | 5 | 4 | 3 | 14 | 2 |
| Liberdade de expressão | 5 | 5 | 3 | 11 | 1 |
| Lei Maria da Penha | 5 | 3 | 0 | 1 | 0 |
| Ter trabalho | 4 | 2 | 0 | 7 | 0 |
| Cidadania | 4 | 1 | 1 | 2 | 1 |
| Segurança pública | 4 | 3 | 1 | 4 | 2 |
| Leis trabalhistas | 3 | 6 | 6 | 6 | 5 |
| Defesa do consumidor | 3 | 2 | 2 | 2 | 2 |
| Defensoria Pública | 2 | 1 | 0 | 0 | 5 |
| Lazer | 1 | 1 | 5 | 14 | 0 |
| Igualdade social | 1 | 0 | 2 | 4 | 0 |
| Justiça | 1 | 0 | 1 | 3 | 0 |
| Votar | 1 | 2 | 0 | 3 | 0 |
| Proteção da criança e adolescente | 1 | 1 | 1 | 2 | 1 |
| Aposentadoria | 1 | 2 | 0 | 1 | 0 |
| Bolsa Família | 1 | 3 | 0 | 1 | 0 |
| Salário justo | 1 | 0 | 0 | 1 | 0 |
| Leis contra o preconceito racial | 1 | 2 | 1 | 0 | 0 |
| Pensão alimentícia | 1 | 2 | 0 | 0 | 0 |

Base 2011: 802 entrevistas (397 no Cantagalo e 405 no Vidigal).

Base 2013: 1.220 entrevistas (409 no Cantagalo, 401 no Vidigal e 410 na Fazendinha).

Outra dimensão de cidadania que nos interessa explorar é o conhecimento de instituições e agentes públicos incumbidos da promoção e da garantia de tais direitos. Perguntamos aos moradores se saberiam mencionar alguma instituição, ou alguém, a quem pudessem recorrer para obter informações ou ajuda em caso de terem um de seus direitos desrespeitado.

Assim como na primeira rodada da pesquisa, agora também metade dos entrevistados não soube mencionar instituição ou agente a que pudesse recorrer em busca da defesa de um direito — sendo que os entrevistados no Cantagalo foram os que menos souberam citar instituições. No Vidigal e na Fazendinha, pouco mais da metade disse conhecer. Observamos que quanto maior a escolaridade, maior o conhecimento dos caminhos e recursos em busca da garantia de efetivação ou reparação de direitos.

No geral as instituições mais lembradas foram a polícia (UPP), a Defensoria Pública e o Procon. Na Fazendinha, a polícia é a mais citada; no Vidigal é a Defensoria Pública que aparece em primeiro lugar, e no Cantagalo, o Procon.

O Judiciário é a quarta instituição mais lembrada, mas, se considerarmos as menções genéricas à Justiça, temos 39% de menções.

O que notamos entre as duas rodadas da pesquisa (2011 e 2013) é um crescimento das menções às UPPs e ao Procon.

Gráfico 3 | Percentual que declarou conhecer instituição ou meio para garantir direitos

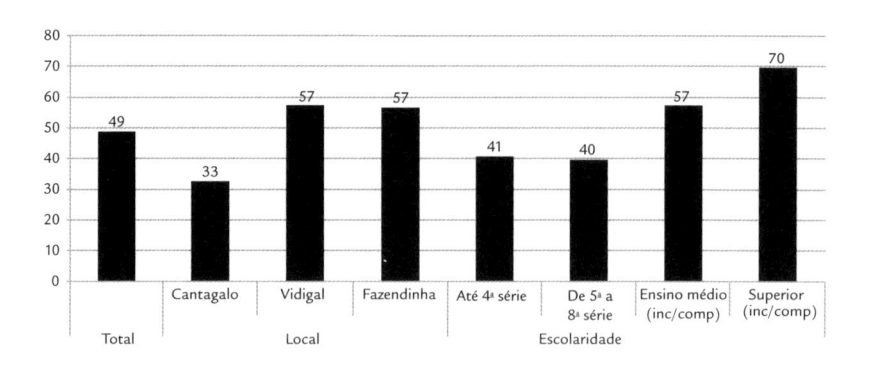

| | Total | Cantagalo | Vidigal | Fazendinha | Até 4ª série | De 5ª a 8ª série | Ensino médio (inc/comp) | Superior (inc/comp) |
|---|---|---|---|---|---|---|---|---|
| % | 49 | 33 | 57 | 57 | 41 | 40 | 57 | 70 |
| | | Local | | | Escolaridade | | | |

Base: 1.220 entrevistas.

Outro aspecto a notar no Cantagalo e no Vidigal é que a procura pelo Procon é superior à procura pelo Judiciário, o que mostra que a intenção de resolver o problema é superior à de transformá-lo em conflito judicial. Ou seja, se o Procon resolver o caso, o morador não irá até o Judiciário.

Quadro 2 | Instituições a que podem recorrer em caso de desrespeito a algum direito (%)

| | Total | Local | | | Escolaridade | | | |
|---|---|---|---|---|---|---|---|---|
| | | Cantagalo | Vidigal | Fazendinha | Até 4ª série | 5ª-8ª série | Média (inc/comp) | Superior (inc/comp) |
| UPP/Polícia | 44 | 31 | 24 | 72 | 61 | 35 | 43 | 31 |
| Defensoria Pública | 39 | 32 | 40 | 42 | 39 | 40 | 39 | 42 |
| Procon | 38 | 57 | 39 | 25 | 31 | 41 | 38 | 44 |
| Judiciário/ juizado/ tribunal | 29 | 24 | 36 | 25 | 26 | 27 | 28 | 42 |
| Associação de moradores | 14 | 17 | 19 | 7 | 7 | 18 | 14 | 15 |
| Justiça (sem especificar) | 10 | 11 | 9 | 11 | 9 | 12 | 12 | 4 |
| ONGs | 7 | 6 | 14 | 1 | 2 | 6 | 8 | 18 |
| Outras* | 3 | 6 | 3 | 2 | 2 | 4 | 5 | 0 |

Base: 595 entrevistados que disseram conhecer alguma instituição.

* Em "outras", incluímos menções à Igreja, à mídia e aos amigos.

Os resultados indicam que o desconhecimento acerca dos direitos e das instituições formais para efetivação de tais direitos continua elevado, o que se constitui em uma barreira importante ao exercício pleno da cidadania. Mas é preciso considerar que a dificuldade das pessoas em enunciar os direitos que possuem como cidadãos não implica necessariamente indiferença ou conformismo diante do déficit de cidadania, uma vez que a população questiona, sim, a ausência da efetivação desses direitos.

Assim como na primeira rodada da pesquisa, ao indagarmos aos moradores se acreditavam que os direitos que estão na lei são ou não respeitados na prática, a grande maioria (84%) afirmou que eles são pouco ou nada respeitados.[23]

Estimulamos os entrevistados a pensarem em algumas instituições e atores sociais e a indicarem quem, em sua opinião, deveria ser o principal responsável

---

[23] Ver gráfico 1 do capítulo 5.

por cuidar do respeito aos direitos das pessoas. Assim como na primeira rodada da pesquisa, a maioria aponta, também em 2013, o governo como principal responsável, seguido das próprias pessoas e do Judiciário, em terceiro lugar.

É interessante observar que quanto maior a escolaridade, maior é o número de pessoas que acreditam que o governo é quem deve cuidar do respeito aos direitos das pessoas. E quem tem curso superior é quem menos acredita na autonomia da própria pessoa para cuidar do respeito a esses direitos.

Quadro 3 | Principal responsável por cuidar do respeito aos direitos das pessoas

|  | Total | Local | | | Escolaridade | | | |
| --- | --- | --- | --- | --- | --- | --- | --- | --- |
|  |  | Cantagalo | Vidigal | Fazendinha | Até 4ª série | 5ª-8ª série | Média (inc/comp) | Superior (inc/comp) |
| Governo | 55 | 58 | 60 | 47 | 50 | 54 | 57 | 61 |
| As próprias pessoas | 26 | 25 | 24 | 30 | 26 | 27 | 27 | 19 |
| Judiciário | 8 | 2 | 4 | 18 | 8 | 7 | 8 | 10 |
| Polícia | 2 | 1 | 2 | 2 | 3 | 1 | 1 | 3 |
| Associação de moradores | 2 | 3 | 2 | 0 | 2 | 2 | 1 | 1 |
| Mídia (jornais, TV) | 1 | 1 | 0 | 1 | 1 | 1 | 0 | 4 |
| Não sabe | 7 | 10 | 8 | 2 | 9 | 8 | 5 | 3 |

Base: 1.220 entrevistas.

Exploramos o conhecimento e a confiança que os moradores dessas favelas têm com relação a um conjunto de instituições que foram as mais lembradas na primeira rodada da pesquisa enquanto vias de reivindicação e defesa de direitos: o Judiciário, a polícia, a Defensoria Pública, o Procon, a mídia e a associação de moradores.

A instituição com a qual os entrevistados declararam maior familiaridade é a associação de moradores, com 51% dizendo saber algo ou muito sobre ela, que, em contrapartida, está entre as que gozam de menor credibilidade, com apenas 21% dos moradores declarando confiar ou confiar muito.

Não podemos esquecer que durante as décadas de domínio do tráfico nas favelas, apesar de essas associações serem muitas vezes a única via de socorro acessível aos moradores, elas eram, em sua maioria, controladas pelo tráfico. Ouvimos diversas vezes dos presidentes dessas instituições nas favelas que a participação e colaboração dos moradores com as associações é cada vez menor:

> A associação está desacreditada. Muitas pessoas se afastaram durante esses anos porque as pessoas que entravam aqui não tinha muito esse vínculo social com a comunidade; então as pessoas se afastavam. Estamos tentando agora recuperar isso [presidente de associação de moradores].

A instituição menos conhecida é o Judiciário, com 33% declarando conhecer, mas que, em termos de confiança, tem bom desempenho: 45% dos moradores afirmaram confiar no Judiciário. A Defensoria Pública também não é muito conhecida, mas é a que goza de maior credibilidade entre os moradores das favelas: 54% declararam confiar ou confiar muito na instituição. A Fazendinha é onde os moradores menos conhecem as instituições públicas (Procon, Judiciário, Defensoria Pública e polícia).

Quadro 4 | Percentual que declarou saber algo ou saber muito sobre as instituições

|  | Total | Local | | |
|---|---|---|---|---|
|  |  | Cantagalo | Vidigal | Fazendinha |
| Associação de moradores | 51 | 64 | 43 | 46 |
| Mídia (jornais, TV) | 44 | 56 | 52 | 24 |
| Procon | 42 | 54 | 55 | 19 |
| Polícia | 39 | 54 | 45 | 20 |
| Defensoria Pública | 38 | 52 | 43 | 18 |
| Judiciário | 33 | 45 | 39 | 15 |

Base: 1.220 entrevistas.

Quadro 5 | Percentual que declarou confiar ou confiar muito nas instituições

|  | Total | Local | | |
| --- | --- | --- | --- | --- |
|  |  | Cantagalo | Vidigal | Fazendinha |
| Defensoria Pública | 54 | 43 | 67 | 51 |
| Procon | 53 | 40 | 70 | 49 |
| Judiciário | 45 | 57 | 51 | 45 |
| Associação de moradores | 21 | 22 | 29 | 11 |
| Mídia (jornais, TV) | 18 | 15 | 20 | 18 |
| Polícia | 14 | 8 | 15 | 20 |

Base: 1.220 entrevistas.

Aqui vale a pena ressaltar que a Defensoria Pública do Estado do Rio de Janeiro é uma das mais bem-estruturadas do país. Estudo recente do Ipea e da Anadep (Associação Nacional dos Defensores Públicos)[24] mostra que o Rio de Janeiro é o estado da federação que tem o maior número de defensores públicos providos (796 defensores contra 610 de São Paulo, o segundo colocado), tendo 92,6% de suas comarcas atendidas pela defensoria e 100% das comarcas com mais de 100 mil habitantes e renda *per capita* de até três salários mínimos. É também o estado que tem a melhor proporção entre o número de defensores públicos (796), o de magistrados (790) e o de promotores de justiça (889).

Já a polícia é a que tem menor credibilidade, com apenas 14% declarando confiar. Esse dado pode parecer contraditório com a avaliação predominantemente positiva que os moradores fazem da UPP, mas a contradição é aparente, uma vez que a UPP é uma realidade recente e apresentada como uma nova polícia, sendo que a favela traz em sua memória uma longa e marcante história de violência e opressão policial. Assim os moradores confiam na UPP, desconfiando da polícia.

Quando observamos os níveis de confiança interpessoal entre os moradores dessas favelas, vemos que ele é extremamente baixo. A confiança depositada nos vizinhos e nas pessoas em geral é menor do que a depositada na maioria das instituições. A baixa confiança interpessoal pode ser um entrave para a

---

[24] O estudo completo pode ser obtido em: <www.ipea.gov.br/sites/mapadefensoria>. Acesso em: 3 fev. 2013.

ação coletiva, pois quanto menos se confia, menos se tende a cooperar, diminuindo a eficiência da comunidade.[25] Os moradores da Fazendinha são os que menos confiam nos vizinhos e nas pessoas em geral. E ali, como no Cantagalo, a maioria confia pouco também nos amigos.

Janice Perlman afirma que, se nos anos de 1960 havia um forte vínculo de comunidade e cooperação entre os moradores das favelas cariocas, em meados dos anos 2000 o quadro está bem diferente, "existe consideravelmente menos 'diversão' no espaço público, menos participação nas associações de moradores e menos visitas entre amigos e parentes. Participação em qualquer tipo de organização, com exceção das igrejas, declinou extremamente", afirma Perlman.[26]

Quadro 6 | Percentual que declarou confiar ou confiar muito

|  | Total | Cantagalo | Vidigal | Fazendinha |
|---|---|---|---|---|
| Na família | 93 | 89 | 94 | 95 |
| Em amigos | 53 | 45 | 66 | 47 |
| Nos vizinhos | 15 | 16 | 22 | 6 |
| Nas pessoas em geral | 6 | 9 | 6 | 2 |

Base: 1.220 entrevistas.

Chama nossa atenção o fato de que apesar de os direitos do consumidor aparecerem espontaneamente na fala de uma minoria dos entrevistados, o Procon surge espontaneamente como uma das instituições de defesa de direitos mais lembradas, e uma das mais bem-avaliadas instituições quando estimulamos os entrevistados a pensar sobre ela.

Para melhor entender o lugar dos direitos e das instituições de defesa do consumidor na percepção dos moradores das favelas, e dado o crescimento do consumo nessas localidades, optamos por explorar como esse aspecto está presente no cotidiano dos moradores dessas favelas.

---

[25] Ver PUTNAM, Robert. D. *Comunidade e democracia*: a experiência da Itália moderna. Rio de Janeiro: FGV, 1997.
[26] PERLMAN, Janice Elaine. Favelas ontem e hoje (1969-2009). In: MELLO, Marco Antonio da Silva et al. *Favelas cariocas ontem e hoje*. Rio de Janeiro: Garamond, 2012. p. 225-226.

## Os direitos do consumidor

Dados de pesquisa nacional conduzida pela FGV em 2011[27] mostram que os brasileiros, em sua grande maioria, estão familiarizados com a existência do Código de Defesa do Consumidor — 72% declararam conhecer ou já ter ouvido falar do CDC.[28] Mas ao serem indagados a respeito da consulta a esse documento, apenas 16% disseram já ter recorrido ao Código.

Tanto o conhecimento quanto a consulta ao CDC são fortemente influenciados pela renda e pela escolaridade, sendo que quanto maior a renda e a escolaridade das pessoas, maior o conhecimento e o recurso a esse dispositivo legal.

Nas favelas, essa tendência se repete: a maioria dos moradores declarou conhecer ou já ter ouvido falar do CDC (72% do total), diferentemente, portanto, do conhecimento da Constituição — este muito mais restrito. Uma minoria disse já ter consultado o código (15% do total), com o mesmo padrão de influência de renda e escolaridade observado para os brasileiros em geral.

Ao serem indagados acerca do seu conhecimento sobre o conteúdo do CDC, ou seja, sobre os direitos que têm como consumidores, a grande maioria disse não conhecer ou conhecer pouco esses direitos.

À minoria que declarou conhecer ou conhecer bem os direitos do consumidor, solicitamos que citasse algum desses direitos. O mais lembrado foi a troca de produto com defeito. Depois, houve algumas poucas menções à desistência de compra, qualidade de produtos e serviços, atendimento, garantia, cumprimento de prazos, entre outros.

---

[27] WADA, Ricardo Morishita; OLIVEIRA, Fabiana Luci de. *Direito do consumidor*, 2011, op. cit.
[28] Lembrando que desde 20 de julho de 2010, com a promulgação da Lei nº 12.291/2010, "São os estabelecimentos comerciais e de prestação de serviços obrigados a manter, em local visível e de fácil acesso ao público, 1 (um) exemplar do Código de Defesa do Consumidor" (art. 1º).

Gráfico 4 | Percentual de entrevistados que conhecem e já consultaram o CDC

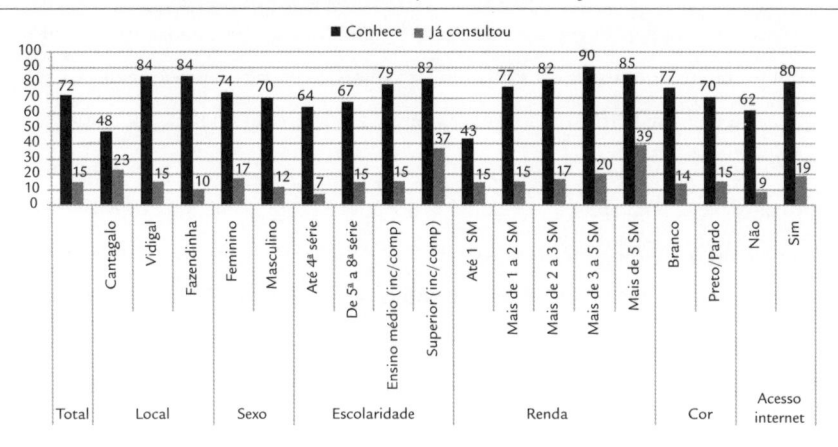

■ Conhece  ■ Já consultou

Base: 1.220 entrevistas.

SM = salário mínimo.

Gráfico 5 | Grau declarado de conhecimento acerca dos direitos do consumidor (%)

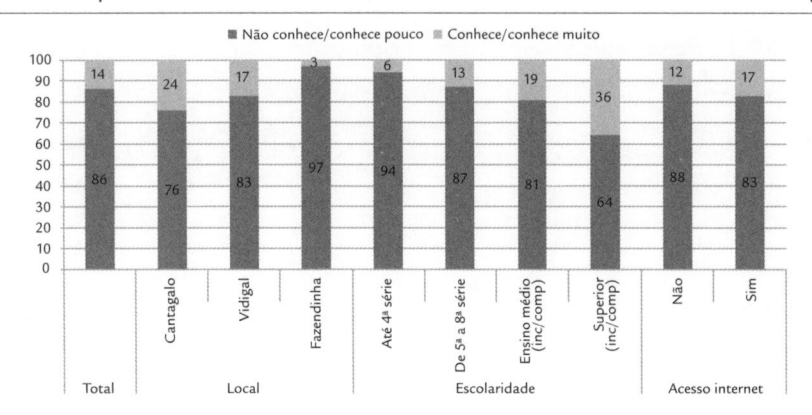

■ Não conhece/conhece pouco  ■ Conhece/conhece muito

Base: 1.220 entrevistas.

Essa concentração das menções à troca de produtos com avaria reforça que mesmo entre aqueles que declaram conhecer seus direitos, a extensão desse conhecimento é mínima. Isso se deve, em grande parte, à dificuldade de compreensão da linguagem dos direitos.

Eu acho que no Brasil você não tem acesso a uma educação de qualidade, que é a única coisa que eu acho que iria resolver a situação da verdadeira cidadania. Enquanto não houver uma educação de qualidade, eu sinto por aquelas crianças que estão ali. Se você for ali, aquelas crianças que estão estudando, a maioria não consegue ter um bom professor que ensine ela a interpretar um texto que dê direito a ela de entender, que se eu der esse livro na mão dela ela vai ler e vai entender [ONG, Vidigal].

É, mas as pessoas não buscam seu direito, por falta de conhecimento, é difícil entender mesmo, eu acho que... falta conhecimento, a dificuldade a ter o acesso, entender o que é. E também tem a falta de tempo, porque a maioria trabalha, uma boa parte são idosos, outros têm filho pequeno, e tem que ir até a loja reclamar, ir na autorizada. Uma boa parte da população paga a tal chamada garantia entendida e acaba não sendo beneficiada, porque não sabe onde ir buscar isso. Eu, pelo menos, não pago mais garantia estendida. Porque eu já paguei e vi que não funciona. E já aconteceu comigo também de eu não ter ido buscar, diante do Procon, os meus direitos, por falta de tempo. Sem falar que é longe [liderança, Fazendinha].

Quadro 7 | Direitos do consumidor mais citados

|  | Total | Local | | |
|---|---|---|---|---|
|  |  | Cantagalo | Vidigal | Fazendinha |
| Trocar produto com defeito | 62 | 59 | 67 | 57 |
| Desistência da compra e devolução do dinheiro | 6 | 2 | 3 | 15 |
| Qualidade dos produtos e serviços | 6 | 16 | 6 | 1 |
| Atendimento adequado | 4 | 3 | 1 | 9 |
| Direito de reclamar | 3 | 3 | 5 | 2 |
| Garantia do produto | 3 | 1 | 5 | 0 |
| Receber o produto adquirido | 2 | 4 | 3 | 1 |
| Cumprimento do prazo de entrega | 2 | 1 | 3 | 2 |
| Receber o produto em perfeito estado | 2 | 1 | 1 | 4 |
| Prazo de validade em dia | 2 | 0 | 2 | 2 |
| Nota fiscal | 2 | 1 | 2 | 1 |
| Preço justo dos produtos e serviços | 1 | 0 | 1 | 2 |
| Direito de processar | 1 | 1 | 0 | 1 |

Base: 389 entrevistados que declararam conhecer ou conhecer muito os direitos do consumidor.

Mas e quando vivenciam algum problema de consumo, os moradores das favelas costumam se mobilizar e correr atrás do prejuízo? Quase metade dos entrevistados disse nunca ir atrás ou reclamar em relação a problemas em suas relações de consumo. Essa baixa mobilização deve-se também ao desconhecimento dos direitos — como saber que determinada situação constitui uma violação aos direitos do consumidor à qual cabe reparação, se eles não sabem ao certo quais são esses direitos?

E uma vez que quanto maior a escolaridade, maior o conhecimento de direitos, maior escolaridade também leva a uma busca maior por reparação de direitos: enquanto apenas 15% dos que têm menor escolaridade costumam reclamar seus direitos de consumidor, 52% dos que têm maior escolaridade o fazem.

Mas a falta de hábito de reclamar ao ter um direito desrespeitado não é exclusividade dos moradores das favelas. Os brasileiros, de maneira geral, correm muito pouco atrás dos seus direitos: apenas 38% declararam que costumam reclamar quando enfrentam problemas ou não ficam satisfeitos com um produto ou serviço adquirido, segundo a pesquisa da FGV já mencionada.[29]

Gráfico 6 | Frequência com que reclamam os direitos de consumidor quando enfrentam um problema (%)

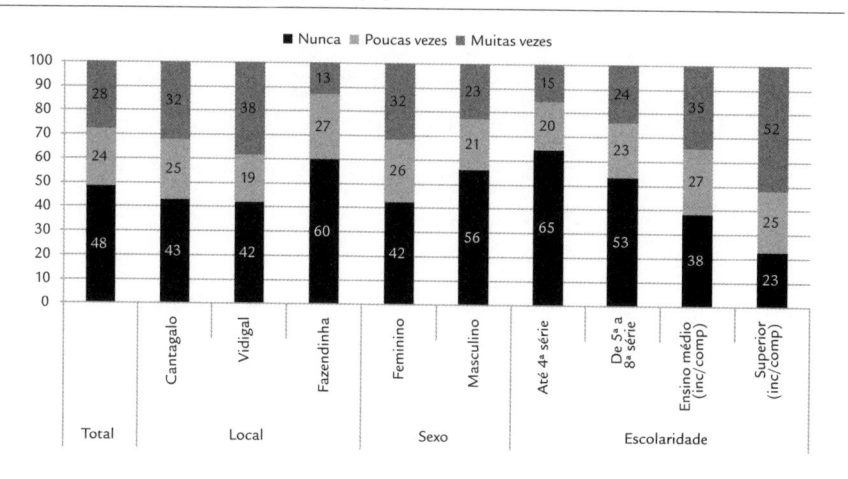

| | Nunca | Poucas vezes | Muitas vezes |
|---|---|---|---|
| Total | 48 | 24 | 28 |
| Local – Cantagalo | 43 | 25 | 32 |
| Local – Vidigal | 42 | 19 | 38 |
| Local – Fazendinha | 60 | 27 | 13 |
| Sexo – Feminino | 42 | 26 | 32 |
| Sexo – Masculino | 56 | 21 | 23 |
| Escolaridade – Até 4ª série | 65 | 20 | 15 |
| Escolaridade – De 5ª a 8ª série | 53 | 23 | 24 |
| Escolaridade – Ensino médio (inc/comp) | 38 | 27 | 35 |
| Escolaridade – Superior (inc/comp) | 23 | 25 | 52 |

Base: 1.220 entrevistas

---

[29] Ver WADA, Ricardo Morishita; OLIVEIRA, Fabiana Luci de. *Direito do consumidor*, 2011, op. cit.

A grande maioria dos que reclamam procura diretamente a empresa ou o prestador de serviço para reparar o problema (73%). O segundo recurso mais procurado é o Procon (com 57% das menções), em terceiro lugar a polícia (31% das menções) e em quarto lugar aparece a Justiça (24%).

Gráfico 7 | Onde costuma reclamar e a quem costuma recorrer (%)

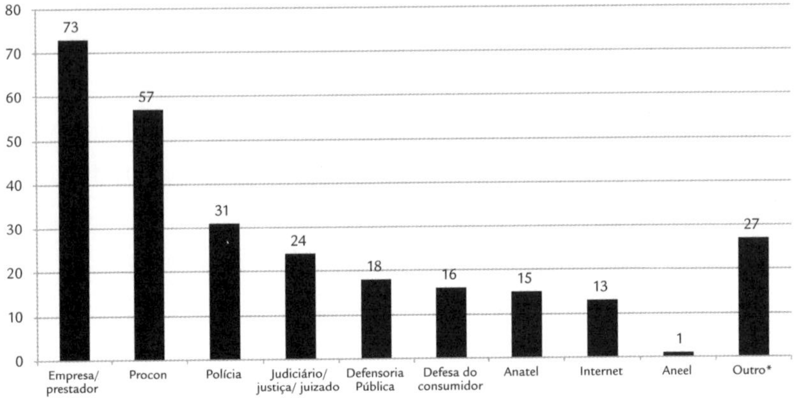

| Categoria | % |
|---|---|
| Empresa/prestador | 73 |
| Procon | 57 |
| Polícia | 31 |
| Judiciário/justiça/juizado | 24 |
| Defensoria Pública | 18 |
| Defesa do consumidor | 16 |
| Anatel | 15 |
| Internet | 13 |
| Aneel | 1 |
| Outro* | 27 |

Base: 803 entrevistados que declararam reclamar seus direitos poucas ou muitas vezes.

* Em "outro" classificamos menções a ONGs, Igreja, mídia e amigos.

Aos que disseram nunca reclamar, perguntamos o principal motivo de não irem atrás dos seus direitos quando enfrentam problemas em suas relações de consumo. A principal justificativa dada é a demora em conseguir reclamar e ter a reparação do direito — ou seja, na relação custo × benefício avaliam que "não vale a pena ir atrás do prejuízo".

Em segundo lugar vem o desconhecimento dos direitos, que somado ao desconhecimento dos locais onde reclamar representam 19% das menções. As justificativas de que é "perda de tempo" ou "uma grande burocracia" para reclamar e ainda o "baixo retorno das reclamações feitas" foram agrupadas na categoria "não compensa", que soma 12% das menções. A vergonha de reclamar é citada como principal razão por 6% dos entrevistados.

Gráfico 8 | Motivo para não reclamar seus direitos de consumidor (%)

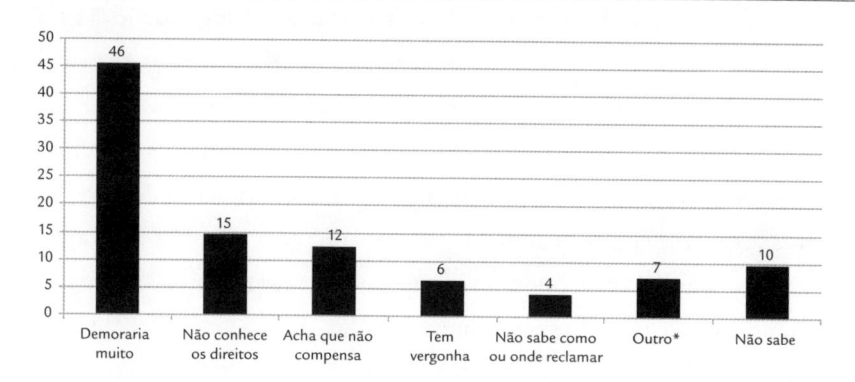

| Motivo | % |
|---|---|
| Demoraria muito | 46 |
| Não conhece os direitos | 15 |
| Acha que não compensa | 12 |
| Tem vergonha | 6 |
| Não sabe como ou onde reclamar | 4 |
| Outro* | 7 |
| Não sabe | 10 |

Base: 417 entrevistados que declararam nunca reclamar seus direitos.
* Em "outro" classificamos menções à falta de vontade de ir atrás e à comodidade.

## Considerações finais

Discutimos aqui em que medida as alterações do poder de consumo dos moradores das favelas do Cantagalo, do Vidigal e da Fazendinha, no Complexo do Alemão, permitiram sua maior inclusão social. Bastaria aumentar a capacidade de consumo para ter maior inclusão e mais cidadania? É a economia a via que levará esses moradores à inclusão social?

Em todas as perguntas direcionadas aos moradores, visando mapear sua cultura jurídica geral e seu conhecimento específico acerca dos direitos do consumidor, notamos que a diferença de escolaridade correspondeu às principais diferenças nas respostas. As pessoas com maior escolaridade são as mais informadas. São as que mais conhecem as leis (78% conhecem a Constituição e 82% o CDC contra a média de 55% e 72%, respectivamente) e as instituições de garantia dos direitos (70% contra a média de 49%). Podemos, com isso, concluir que a educação é o fator essencial e preponderante na formação do cidadão e em sua inclusão social. Não basta transformar os moradores das favelas em novos consumidores; é preciso levar a eles mais educação.

Marcelo Neri (citado por Marcelo Burgos)[30] afirma que "após dar os pobres ao mercado", é necessário ir além de "dar o mercado às comunidades", e tratar essa população como "protagonista de sua história". E a educação é a principal via para possibilitar esse protagonismo aos moradores das favelas.

E, nesse ponto, é importante notar que as políticas públicas de cotas nas universidades públicas e a política de financiamento estudantil do governo federal têm contribuído para aumentar a formação educacional dos moradores da favela. É cada vez mais comum encontrar jovens nessas favelas cursando ou buscando meios para ingressar na universidade.

Em razão de terem mais informações, os mais escolarizados são também os mais críticos, os que mais acreditam que o governo é o principal responsável para cuidar dos direitos das pessoas (61% contra a média de 55%) e os que mais reclamam quando têm seu direito de consumo violado (78% contra a média de 52%). Observamos que a escolaridade guarda uma relação direta com a prática da reclamação. Quanto menos escolarizado, menos reclama: 35% os que têm formação até a 4ª série, 47% os de 5ª a 8ª, 63% os do ensino médio e 78% os que possuem formação superior.

Por outro lado, os que possuem menor escolaridade são quem mais mencionam as UPPs e a polícia como as instituições a que se deve recorrer quando algum direito é desrespeitado (61%). A partir da 5ª série, o recurso a elas diminui consideravelmente (35% para o segmento com formação de 5ª a 8ª série, 43% para os que têm formação pelo menos iniciada no ensino médio e 31% para os que possuem formação superior). A UPP acaba sendo a primeira e principal porta de comunicação de grande parte dos moradores dessas favelas com o poder público, e essa comunicação pode ser vista, também, como uma forma de inclusão do morador da favela — mas não é a ideal.

Os moradores com maior escolaridade são também os que mais mencionam o Judiciário como instituição a se recorrer na hipótese de um direito ser desrespeitado. São 42% entre os que têm ensino superior contra 26%, 27% e 28% nas demais escolaridades (até a 4ª série, de 5ª a 8ª série e ensino médio, respectivamente).

---

[30] BURGOS, Marcelo Baumann et al. "O efeito UPP na percepção dos moradores das favelas", 2012, op. cit., p. 94.

Comparando os dados da pesquisa entre as favelas, observamos que o Cantagalo é onde há menor conhecimento da Constituição (47% contra a média de 55%), do CDC (48% contra a média de 78%) e das instituições de garantia de direitos (33% contra a média de 49%). Porém é a favela onde mais se consultou o CDC (21% comparados a 15% no Vidigal e 10% na Fazendinha).

Em relação às instituições, a associação de moradores é a mais conhecida dos moradores do Cantagalo (64%). No Vidigal, o Procon é a instituição mais conhecida (55%) e que detém maior confiança dos moradores (70%). Já o Judiciário é a instituição menos conhecida nas três favelas.

Percebe-se que as instituições públicas (Judiciário, Defensoria Pública, polícia e Procon) são as que os moradores menos conhecem, mas que, por outro lado, são aquelas nas quais eles mais confiam, com exceção da polícia.

A confiança na polícia diminui conforme aumenta o tempo de instalação da UPP. No Cantagalo, a primeira das três favelas pesquisadas a ter UPP, a proporção dos que confiam na polícia é 8%. No Vidigal, a segunda a ter UPP, 15% confiam na polícia. E na Fazendinha, 20% confiam. Já o conhecimento e a confiança no Judiciário aumentam conforme o tempo de "pacificação": 45% e 57% no Cantagalo, 39% e 51% no Vidigal e 15% e 45% na Fazendinha, respectivamente conhecimento e confiança. Também a busca pelos direitos do consumidor aumenta conforme o tempo de pacificação: na Fazendinha é onde menos se reclama (40%), seguida do Vidigal (47%) e do Cantagalo (57%).

Os dados não permitem afirmar que a UPP impactou diretamente o nível de conhecimento de direitos, mas permitem verificar que ela elimina a barreira do acesso às instituições, possibilitando que aumente a busca pelas instituições de justiça, e que estas também cheguem às favelas. Mas apenas se junto com a pacificação for cumprida a promessa de maior investimento em educação (via UPP social, por exemplo) é que de fato verificaremos maior inserção social dos moradores das favelas. A educação permite maior conhecimento de direitos e, a partir do momento em que passam a conhecer mais seus direitos, os moradores sentem-se mais confiantes para lutar por eles, para buscar as instituições e fazê-los valer.

## Referências

ABRAMOVAY, Pedro. Liminar que assegura 'rolezinho' assegura 'direito à segregação'. *Folha de S.Paulo*, São Paulo, 14 jan. 2014. Disponível em: <www1.folha.uol.com.br/cotidiano/2014/01/1397333-opiniao-liminar-que-proibe-rolezinho-assegura-direito-a-segregacao.shtml>. Acesso em: 3 fev. 2014.

BRASIL. Constituição da República Federativa do Brasil de 1988. *Diário Oficial da União*, Brasília, DF, 5 out. 1988, p. 1, anexo.

BRASIL. Lei nº 12.291, de 20 de julho de 2010: torna obrigatória a manutenção de exemplar do Código de Defesa do Consumidor nos estabelecimentos comerciais e de prestação de serviços. Brasília, DF: *Diário Oficial da União*, 21 jul. 2010.

BURGOS, Marcelo Baumann et al. O efeito UPP na percepção dos moradores das favelas. *Desigualdade & Diversidade*: revista de ciências sociais da PUC-Rio, Rio de Janeiro, n. 11, p. 49-98, ago./dez. 2012.

CANCLINI, Néstor García. *Consumidores e cidadãos*: conflitos multiculturais da globalização. Rio de Janeiro: UFRJ, 1999.

CONSUMO nas favelas movimenta R$ 13 bi por ano, diz pesquisa. *Folha de S.Paulo*, São Paulo, 20 fev. 2013. Seção "Mercado". Disponível em: <www1.folha.uol.com.br/mercado/1233783-consumo-nas-favelas-movimenta-r-13-bi-por-ano-diz-pesquisa.shtml>. Acesso em: 20 jan. 2014.

CUNHA, Neiva Vieira da; FELTRAN, Gabriel de Santis (Org.). *Sobre periferias*: novos conflitos no Brasil contemporâneo. Rio de Janeiro: Lamparina, 2013.

D'AGOSTINO, Rosanne. Nova classe média inclui ao menos 50% das famílias em favelas do país. *G1 Economia*, São Paulo, 1 out. 2012. Disponível em: <http://g1.globo.com/economia/noticia/2012/10/nova-classe-media-inclui-ao-menos-50-das-familias-em-favelas-do-pais.html>. Acesso em: 25 mar. 2013.

FRIEDMAN, Lawrence. Legal culture and the wefare state. In: TEUBNER, G. *Dilemmas of law in the welfare state*. Berlim, NY: Walter de Gruyter, 1988. p. 13-23.

FUKUYAMA, Francis. The middle-class revolution. *The Wall Street Journal*, Nova York, 28 jun. 2013. Disponível em: <http://online.wsj.com/news/articles/SB10001424127887323873904578571472700348086>. Acesso em: 20 nov. 2013.

GUANDELINE, Leonardo. Líderes de rolezinho reclamam de assédio político de partidos políticos em SP. *O Globo*, Rio de Janeiro, 31 jan. 2014. Disponível em: <http://oglobo.globo.com/pais/lideres-de-rolezinhos-reclamam-de-assedio-de-partidos-politicos-em-sp-8-11457822>. Acesso em: 3 fev. 2014.

INSTITUTO BRASILEIRO DE GEOGRAFIA E ESATTÍSTICA (IBGE). *Censo 2010*. Rio de Janeiro: IBGE, 2010-2012. Disponível em: <http://censo2010.ibge.gov.br/>. Acesso em: 3 fev. 2014.

LOWI, Theodore J. Four systems of policy, politics, and choice. *Public Administration Review*, Chicago, IL, v. 32, n. 4, p. 298-310, jul./ago. 1972.

OLIVEIRA, Fabiana Luci. Percepção, hábitos e atitudes dos brasileiros com relação aos direitos do consumidor. In: WADA, Ricardo Morishita; OLIVEIRA, Fabiana Luci de (Org.). *Direito do consumidor*: os 22 anos de vigência do CDC. Rio de Janeiro: Campus--Elsevier, 2012. v. 1, p. 1-29.

OXHORN, Philip. Cidadania como consumo ou cidadania como agência: uma comparação entre as reformas de democratização da Bolívia e do Brasil. *Sociologias*, Porto Alegre, v 12, n. 24, p. 18-43, maio/ago. 2010.

PANDOLFI, Dulce Chaves et al. *Cidadania, justiça e violência*. Rio de Janeiro: FGV, 1999.

PENTEADO, Mauro Rodrigues. Tal como são, os 'rolezinhos' atentam contra os direitos coletivos. Folha de *S.Paulo*, São Paulo, 14 jan. 2014. Disponível em: <www1.folha.uol.com.br/cotidiano/2014/01/1397335-opiniao-tal-como-sao-os-rolezinhos-atentam-contra-direitos-coletivos.shtml>. Acesso em: 3 fev. 2014.

PERLMAN, Janice Elaine. Favelas ontem e hoje (1969-2009). In: MELLO, Marco Antonio da Silva et al. *Favelas cariocas ontem e hoje*. Rio de Janeiro: Garamond, 2012. p. 213-234.

PUTNAM, Robert. D. *Comunidade e democracia*: a experiência da Itália moderna. Rio de Janeiro: FGV, 1997.

SCHUDSON, Michael. The troubling equivalence of citizen and consumer. *The annals of the American Academy of Political and Social Science*, Filadélfia, PA, n. 608, p. 193-204, 2006.

SPITZM, Clarice; CASTRO, Juliana. IBGE: consumo de TV e geladeira aproxima favela do resto da cidade, mas exclusão digital se mantém. *O Globo*, Rio de Janeiro, 6 nov. 2013. Disponível em: <http://oglobo.globo.com/pais/ibge-consumo-de-tv-geladeira-aproxima-favela-do-resto-da-cidade-mas-exclusao-digital-se-mantem-10695010>. Acesso em: 20 jan. 2014.

WADA, Ricardo Morishita; OLIVEIRA, Fabiana Luci de. *Direito do consumidor*: os 22 anos de vigência do CDC. Rio de Janeiro: Campus-Elsevier, 2011.

CAPÍTULO 4
# Direitos humanos para quem? A percepção da população das favelas do Cantagalo, do Vidigal e do Complexo do Alemão acerca do sujeito dos direitos humanos

FABIANA LUCI DE OLIVEIRA

PAULA SPIELER

A discussão sobre direitos humanos nas favelas se dá, na maioria das vezes, pela temática da violência policial e da criminalização dos moradores dessas áreas. Caso recente, de grande repercussão, foi o desaparecimento do ajudante de pedreiro Amarildo Souza, em julho de 2013, na favela da Rocinha, Zona Sul do Rio de Janeiro — favela esta que se encontra "pacificada". Após grande mobilização popular, a conclusão do inquérito, em outubro do mesmo ano, indiciou 10 policiais militares pelos crimes de tortura seguida de morte e ocultação de cadáver. A família de Amarildo conseguiu acesso ao Programa de Proteção à Criança e ao Adolescente Ameaçado de Morte, da Secretaria Nacional de Direitos Humanos.[1] Nesse caso específico, não foi preciso acionar os mecanismos internacionais de proteção dos direitos humanos, já que o Estado tem atuado no sentido de encontrar os responsáveis pelo desaparecimento.[2] Mas quantos outros "Amarildos"

---

[1] RAMALHO, Sérgio; BOTTARI, Elenilce. Inquérito conclui que Amarildo foi torturado até a morte. *O Globo*, Rio de Janeiro, 2 out. 2013. Disponível em: <http://oglobo.globo.com/rio/inquerito--conclui-que-amarildo-foi-torturado-ate-morte-10225436>. Acesso em: 7 out. 2013.
[2] Em outubro de 2014, a juíza da 35ª Vara Criminal do Rio de Janeiro decretou a prisão preventiva dos 10 policiais militares envolvidos com o desaparecimento de Amarildo. Ver: GOMES, Marcelo.

não existiriam nessas favelas, que ficam sem a proteção dos seus direitos mais básicos? Esse caso nos leva a considerar o conhecimento e o alcance dos direitos humanos entre os moradores das favelas, e como eles pensam o sujeito desses direitos e se pensam nessa relação. E também nos leva a uma importante crítica aos mecanismos internacionais de defesa dos direitos humanos existentes hoje. São estes pontos que nos propusemos a discutir no capítulo que segue.

## Introdução

O termo "direitos humanos" foi utilizado pela primeira vez em texto jurídico na década de 1920 para tratar sobre a posição das minorias nos Estados pós-império europeu.[3] Contudo, foi com a adoção da Declaração Universal dos Direitos Humanos (Dudh), em 1948, que se passou a falar sobre direitos humanos universais, com validade para todas as pessoas do mundo. Para Boutros-Boutros Ghali, os direitos humanos constituem uma linguagem comum da humanidade.[4]

A grande questão é que hoje tudo pode ser considerado direitos humanos, a tal ponto que se tornou um significante vazio.[5] Upendra Baxi ressalta que nunca, em nossos tempos, tivemos um discurso tão diverso. Essa pluralidade demonstra tanto o potencial emancipatório do discurso de direitos humanos quanto seu caráter de manutenção do *status quo*. Baxi afirma que, em uma era constituída pelo fim da ideologia, os direitos humanos surgem como a única ideologia, *"enabling both the legitimation of power and the praxes of emancipatory politics"*.[6]

---

Caso Amarildo: todos os PMS com prisão decretada já se apresentaram. *O Estado de S. Paulo*, São Paulo, 4 out. 2013. Disponível em: <www.estadao.com.br/noticias/cidades,caso-amarildo-todos--os-pms-com-prisao-decretada-ja-se-apresentaram,1082113,0.htm>. Acesso em: 14 out. 2013.
[3] DOUZINAS, Costas. *Human rights and empire*. Nova York: Routledge Cavendish, 2009a. p. 15.
[4] GHALI, Boutros-Boutros. The common language of humanity. In: UNITED NATIONS WORLD CONFERENCE ON HUMAN RIGHTS: THE VIENNA DECLARATION AND THE PROGRAMME OF ACTION, 1993, Nova York. *Proceedings...* Nova York: The United Nations, 1993.
[5] Wendy Brown utiliza o termo significante vazio (*empty signifier*) para se referir à democracia hoje (BROWN, Wendy. We are all democrats. In: AGAMBEN, Giorgio et al. *Democracy in what state?* Nova York: Columbia University Press, 2011. p. 44).
[6] "Permitindo tanto a legitimação do poder e as praxes da política emancipatória" (trad. nossa). Cf. BAXI, Upendra. *The future of human rights*. Oxford: Oxford University Press, 2008. p. 1.

Apesar de o discurso dos direitos humanos ser utilizado de diversas formas, a concepção prevalecente sobre os mesmos é a liberal, que foi consolidada no âmbito internacional pela adoção da Dudh. A partir de então, todos os demais tratados e mecanismos de proteção foram criados — assim como diversos ordenamentos nacionais — com base nessa concepção. No entanto, essa visão tem sofrido diversas críticas, em especial por autores da teoria crítica do direito.[7]

O presente trabalho focará em uma das questões que é levantada por esses autores: quem é o sujeito dos direitos humanos? Embora a universalidade dos direitos humanos esteja consagrada no âmbito internacional, na prática, contudo, não é isso que se verifica. Não são todas as pessoas que têm acesso a seus direitos. Muito pelo contrário: os direitos humanos não chegam àquelas pessoas que mais precisam de amparo.

Nesse sentido, o capítulo tem por objetivo demonstrar, através de pesquisa realizada com moradores das favelas do Vidigal, do Cantagalo e do Complexo do Alemão (UPP Fazendinha), na cidade do Rio de Janeiro, que a crítica feita ao sujeito dos direitos humanos está em consonância com o que ocorre na prática, já que há de fato a percepção de exclusão das classes mais pobres e sua falta de acesso a direitos, tendo em vista que essa população desconhece seus direitos e os mecanismos de proteção. Para tanto, o capítulo está estruturado em três seções: (i) quem é o sujeito dos direitos humanos?; (ii) os direitos humanos na percepção dos moradores das favelas; e (iii) as limitações dos mecanismos de proteção dos direitos humanos. Esperamos, com isso, contribuir para uma análise crítica sobre o sujeito atual dos direitos humanos.

## Quem é o sujeito dos direitos humanos?

De acordo com Walter Mignolo, os direitos humanos, assim como dispostos na Declaração Universal dos Direitos Humanos, pressupõem que o "humano" seja uma categoria universal aceita por todos e que, assim, a justiça seja realizada para

---
[7] Estamos nos referindo aos atores europeus da teoria crítica do direito, como Costas Douzinas, Upendra Baxi e Jacques Rancière.

todas as pessoas.⁸ Contudo, o autor ressalta o problema dessa afirmação: o *status* igualitário de todos pelo nascimento. Isto porque, ainda que todos os homens e mulheres nasçam iguais, eles não permanecem iguais o resto de suas vidas.

Mignolo salienta que as ideias de humano e de direito foram inventadas pelos humanistas da Europa renascentista.⁹ Essas ideias diziam respeito à história interna do cristianismo ocidental e do conflito duradouro com o islamismo, bem como à história externa do cristianismo. Tratava-se do início de um processo histórico sem precedente. O surgimento do Novo Mundo e de novos povos forçou os humanistas renascentistas a revisarem suas premissas epistêmicas. Esse é o momento no qual muitas pessoas passaram a perder sua igualdade, sua "humanidade" e seus direitos.¹⁰

Na mesma linha, Douzinas afirma que humanidade é uma invenção moderna¹¹ e traz consigo uma carga de valores herdados das revoluções e declarações.¹² Para o autor, "humanidade" não pode ser utilizada como fonte normativa principal, pois carece de base e finalidade, bem como não tem um valor compartilhado.¹³ A humanidade está aberta a um futuro incerto: *"its functions lies not in a philosophical essence but in its non-essence, in the endless process of redefinition and continuous but impossible attempt to escape the fate and external determination"*.¹⁴ Nessa ontologia, cada um é único, é um mundo em si, composto por seus próprios desejos e necessidades. Essa possibilidade de constante mudança faz com que a humanidade não possa ser definida. Cada um é único, mas criado através da comunhão com os outros: *"the other is part of me and I am part of the other"*.¹⁵

Nesse sentido, Douzinas afirma que se abandonarmos o essencialismo da humanidade, os direitos humanos aparecerão como constructo artificial de-

---

⁸ MIGNOLO, Walter. Who speaks for the "human" in human rights? In: BARRETO, José-Manuel. *Human rights from a Third World perspective*: critique, history and international law. Cambridge: Cambridge Scholars Publishing, 2013. p. 44.
⁹ Ibid., p. 45.
¹⁰ Ibid.
¹¹ DOUZINAS, Costas. *Human rights and empire*, 2009a, op. cit., p. 51.
¹² Ibid., p. 56.
¹³ Ibid., p. 57.
¹⁴ "Suas funções não estão em uma essência filosófica, mas na sua não essência, no processo infinito de redefinição e tentativa contínua, mas impossível de escapar ao destino e determinação externa" (ibid., p. 57, trad. nossa).
¹⁵ "O outro é parte de mim e eu sou parte do outro" (ibid., p. 57, trad. nossa).

corrente da história europeia. O "humano", de direitos humanos, e "humanidade", podem ser considerados como um "significante flutuante". Como um significante, não tem um significado particular. Seu sentido é vazio de significado e, portanto, passível de ter diferentes entendimentos.

Essa possibilidade de diferentes interpretações do "humano" está relacionada a mais duas questões: a confusão entre os planos descritivos e prescritivos na linguagem dos direitos humanos, bem como em seu caráter abstrato. Especificamente em relação à linguagem, Bentham afirma, em "Anarchical fallacies: being and examination of the Declaration of Rights issued during the French Revolution",[16] que é a falácia mais comum na linguagem de direitos humanos. O artigo primeiro da declaração francesa dispõe que: "Os homens nascem e são livres e iguais em direitos. As distinções sociais só podem fundamentar-se na utilidade comum". Esse artigo demonstra para o autor a contradição entre ambos os níveis: os direitos à liberdade e à igualdade estão no campo do *dever ser*, embora pareça no artigo que eles estejam formulados em termos descritivos. De fato, essa confusão que surge da formulação dos direitos humanos em termos descritivos, mas com função prescritiva, é recorrente na crítica de Bentham à linguagem das declarações.[17]

Segundo o autor, um nítido exemplo da utilização imprecisa e equivocada da expressão "direitos humanos" nas declarações é a confusão entre realidade e desejo: *"but reasons for wishing there were such things as rights, are not rights; a reason for wishing that a certain right was established, is not that right — want is not supply —; hunger is not bread"*.[18] Nesse contexto, Bentham continua sua crítica

---

[16] Esse artigo foi escrito por volta de 1796, mas só foi publicado pela primeira vez em 1816 em Genebra, Suíça, e em francês. O trabalho foi publicado em inglês somente em 1834, dois anos após a morte de Bentham. É curioso notar que Bentham não escolheu o termo "Anarchical fallacies" para o título. A escolha foi feita por seu tradutor e editor, Étienne Dumont, que publicou o trabalho com o título "Sophismes anarchiques". Bentham preferia o título "Nonsense upon stilts". De fato, ele utiliza a expressão para se referir a uma espécie de falácia política, mas sem fazer alusão à Declaração francesa (BEDAU, Hugo Adam. "Anarchical fallacies": Bentham's attack on human rights. *Human Rights Quarterly*, Baltimore, MD, v. 22, n. 1, p. 262, fev. 2000).
[17] LUÑO, Antonio Enrique Pérez. *Derechos humanos, Estado de derecho y Constitución*. 7. ed. Madri: Tecnos, 2001. p. 27.
[18] "Mas razões para desejar que houvesse coisas como direitos, não são direitos; uma razão para desejar que um determinado direito fosse estabelecido, não constitui um direito — querer não é fornecer —; fome não é pão" (BENTHAM, Jeremy. Anarchical fallacies: being an examination of the Declaration of Rights issued during the French Revolution. [S.l.]:[s.n.], 1796, p. L-6, trad. nossa. Disponível em: <http://oll.libertyfund.org/titles/1921>. Acesso em: 28 set. 2011).

à declaração francesa e afirma que, ao invés de utilizar expressões figurativas, dever-se-ia ter optado por expressões precisas, pois, diferentemente da utilização de uma palavra imprópria em um romance, onde a palavra errada será apenas uma palavra, em um documento legal, "*an improper word may be a national calamity*".[19]

Tal crítica do autor demonstra sua consciência dos efeitos práticos que o uso deficiente da linguagem pode gerar na esfera dos direitos humanos, uma vez que acaba passando a falsa ideia de que, na prática, o sujeito dos direitos humanos são todas as pessoas do mundo, independentemente de sua nacionalidade, etnia, *status* socioeconômico, entre outros. Embora direcionada à declaração francesa, a crítica de Bentham continua extremamente atual, e aplicável a outras realidades, uma vez que a linguagem dos tratados de direitos humanos é bastante semelhante à da declaração.

Quanto à abstração dos direitos humanos, é importante ressaltar que não se trata de um atributo exclusivo destes. Na realidade, ela é um elemento do direito de uma forma geral. Contudo, para os direitos humanos ela acaba gerando um enorme problema, pois, apesar de os direitos humanos terem sido criados para proteger a pessoa das ações arbitrárias do Estado, na prática não é isso que ocorre. As minorias, os excluídos, continuam de fora de sua proteção. Nesse sentido, Douzinas ressalta que o sujeito dos direitos humanos não existe: "Ou é muito abstrato para ser real, ou muito concreto para ser universal. Em ambos os casos, o sujeito é falso, pois sua essência não corresponde, e não pode corresponder, a pessoas reais".[20]

De acordo com Baxi, os regimes de direitos humanos somente contribuem para a melhora de vida de uma parcela pequena da humanidade, uma vez que só chegam para as pessoas mais pobres de forma homeopática.[21] Isto porque os direitos humanos têm um sujeito bem-definido: "um cidadão homem, branco, bem-sucedido, heterossexual e urbano".[22] Este "homem", que é bem-definido, abarca em sua identidade a dignidade abstrata da humanidade. Nesse sentido, Deleuze

---

[19] "Uma palavra imprópria pode ser uma calamidade nacional" (ibid., p. L-3, trad. nossa).
[20] DOUZINAS, Costas. *O fim dos direitos humanos*. São Leopoldo: Unisinos, 2009b. p. 113.
[21] BAXI, Upendra. *The future of human rights*, 2008, op. cit., p. 6.
[22] DOUZINAS, Costas. *Human rights and empire*, 2009a, op. cit., p. 54.

sustenta que os direitos humanos conferem uma ilusão de participação aos marginalizados da sociedade, assim como uma fantasia de que as elites preocupam-se com seu bem-estar e que o humanismo dentro do capitalismo é uma realidade.[23]

Contudo, as pessoas que são percebidas como excluídas nunca foram contempladas com esses direitos. Na prática, os direitos, bem como a dimensão humana, sempre lhes foram negados. Isto porque a "humanidade" é construída, desde o século XVIII, com base em precondições (cidadania, classe, gênero, raça, religião, sexualidade), excluindo, assim, a maioria dos seres humanos. Se os direitos são universais, os imigrantes indocumentados e refugiados, por exemplo, que não têm país algum para protegê-los, deveriam ter assegurados os direitos da humanidade.[24] Mas, na prática, não é isso que ocorre. Os direitos, bem como a dimensão humana, continuam a ser negados a quem efetivamente precisa de proteção. Isto porque a universalidade dos direitos humanos (re)produz uma série de "outros" como sujeitos marginalizados. Conforme ressaltam Cecília Coimbra, Lilia Lobo e Maria Livia do Nascimento:

> Não há dúvida, portanto, que esses direitos — proclamados pelas diferentes revoluções burguesas, contidos nas mais variadas declarações — tenham construído subjetividades que definem para quais humanos os direitos devem se dirigir. Os marginalizados de toda ordem nunca fizeram parte desse grupo que, ao longo dos séculos XIX, XX e XXI, tiveram e continuam tendo sua humanidade e seus direitos garantidos. Ou seja, foram e continuam sendo defendidos certos tipos de direitos, dentro de certos modelos, que terão que estar e caber dentro de certos territórios bem marcados e delimitados e dentro de certos parâmetros que não poderão ser ultrapassados.[25]

Na prática, como se dá a percepção de direitos humanos quando se consideram os grupos historicamente excluídos, marginalizados e estigmatizados, como os moradores de favelas? Qual a percepção que os moradores de favelas

---

[23] DELEUZE, Gilles. *Conversações*. Rio de Janeiro: Ed. 34, 1992.
[24] DOUZINAS, Costas. Quem são os "humanos" direitos? *The Guardian*, Londres, 1 abr. 2009c. (Trad. de "Who counts as 'human'?" Projeto Revoluções). Disponível em: <http://revolucoes.org.br/v1/sites/default/files/quem_sao_os_humanos_dos_direitos.pdf>. Acesso em: 29 set. 2013.
[25] COIMBRA, Cecília; LOBO, Lilia; NASCIMENTO, Maria Livia do. Por uma invenção ética para os direitos humanos. *Revista Psicologia Clínica da PUC-Rio*, Rio de Janeiro, v. 20, n. 2, p. 92, 2008.

têm acerca do significado e do sujeito dos direitos humanos? Essas são as perguntas que exploramos na próxima seção do capítulo. Antes, porém, de analisar a percepção dos moradores de favelas sobre direitos humanos, faremos um breve histórico do surgimento do movimento dos direitos humanos no Brasil para melhor compreensão do contexto local.

## Os direitos humanos na percepção dos moradores das favelas

No Brasil, a luta pela proteção dos direitos humanos ganhou espaço especialmente nas décadas de 1970 e 1980, vinculada principalmente à reação contra tortura e prisões políticas que ocorriam durante a ditadura, e o discurso dos direitos humanos estava bastante atrelado à oposição ao regime militar. Os anos 1970 também foram palco da criação de diversas organizações para defesa dos direitos das minorias, mulheres, crianças e adolescentes. É nesse período que surge também o movimento operário. Em 1975, é criado o Movimento Feminino pela Anistia. Composto por parentes de torturados, mortos, presos e desaparecidos políticos, o grupo tinha por objetivo denunciar violações de direitos humanos, bem como punir os agentes do Estado responsáveis pelos crimes. E como afirma Caldeira, nesse período houve também ênfase nas noções de direitos humanos como direitos sociais, sendo considerados os direitos à saúde, à moradia como direitos à vida digna e, portanto, direitos humanos.[26]

Mas Caldeira ressalta que com o fim do regime militar, a noção de direitos humanos muda de feição, ficando mais associada aos direitos de prisioneiros comuns, adquirindo assim uma feição negativa, identificada por muitos como "privilégios de bandidos". A autora estuda especificamente a situação de São Paulo, e vincula a gênese dessa associação negativa à oposição de setores do Estado e da sociedade à política de humanização dos presídios e reforma da polícia.[27] Caldeira afirma que a oposição aos direitos humanos veio do fato

---

[26] CALDEIRA, Teresa Pires do Rio. Direitos humanos ou "privilégio de bandidos"? Desventuras da democratização brasileira. *Novos Estudos Cebrap*, São Paulo, n. 30, p. 162-174, jul. 1991.
[27] Ibid., p. 164-165.

de associá-los a privilégios de um grupo que, segundo os estereótipos da sociedade brasileira, estaria não apenas à margem da sociedade, mas à margem da humanidade — os prisioneiros comuns, pobres em sua vasta maioria. Seria mais uma forma de marginalizar e excluir uma população já estigmatizada pela criminalização da pobreza.

Essa associação entre o discurso de direitos humanos e defensor de bandidos também foi feita intensamente pela mídia de São Paulo. Na década de 1980, uma campanha, veiculada nos meios de comunicação de massa, associava o aumento da criminalidade ao fim da ditadura militar. Em 11 de setembro de 1983, o coronel Erasmo Dias escreveu na *Folha de S.Paulo*:

> A insatisfação da população quanto à polícia, exigindo inclusive uma atuação mais "dura", no que possa ser de responsabilidade do governador Montoro, decorre da tão decantada filosofia alardeada [sic] de "direitos humanos" aplicada de modo unilateral mais em proveito de bandidos e marginais. Filosofia que dá prevalência ao marginal dando-lhe o "direito" de andar armado, assaltando, matando e estuprando.[28]

Embora Caldeira trate da realidade paulista, é possível pensar essa associação negativa de direitos humanos como privilégio de bandidos no país como um todo. Carbonari, por exemplo, argumenta que a compreensão do discurso dos direitos humanos como discurso em defesa de "bandidos e marginais" é em grande parte disseminada por setores da mídia e líderes políticos conservadores, acostumados a tratar a questão social como questão de polícia, criminalizando a luta social.[29] E conclui:

> Daí a palavra fácil, em oposição aos direitos, de que somente há direitos em consequência de deveres, sendo os deveres identificados à sujeição, ao tributo, à submissão; e os direitos às concessões, benesses, dádivas. É deste tipo de consciência que

---

[28] CALDEIRA, Teresa Pires do Rio. "Direitos humanos ou 'privilégio de bandidos'?", 1991, op. cit., p. 170. Para uma análise sobre o papel da mídia na associação entre aumento da criminalidade na cidade de São Paulo e a defesa dos direitos humanos, veja o artigo em pauta.
[29] CARBONARI, Paulo. Direitos humanos, desigualdades e contradições. In: INESC. *Pensando uma agenda para o Brasil*: desafios e perspectivas. Brasília, DF: Inesc, 2007. p. 87-103.

nascem expressões como: direitos humanos sim, mas somente para os humanos direitos. Em outras palavras, direitos humanos somente para quem cumpre bem seus deveres e se adequa à ordem estabelecida.[30]

Essa visão foi tão difundida no Brasil que um dos coordenadores da Anistia Internacional, Tim Cahill, afirmou que "existe um conceito infeliz no Brasil que é que os direitos humanos só defendem bandidos".[31]

Seguindo essa argumentação, o sujeito prevalecente dos direitos humanos seria não universal, mas um grupo específico, "presos e bandidos". Assim, tendo a hipótese de que a percepção dos cidadãos brasileiros em relação à proteção dos direitos humanos seria carregada por esse ranço negativo de associação com proteção de direitos de bandidos, a Secretaria de Direitos Humanos da Presidência da República realizou, em 2008, pesquisa de opinião visando identificar o que os direitos humanos simbolizam para o cidadão brasileiro.[32]

Ao analisar os resultados, o coordenador da pesquisa, Venturi, afirma que os dados refutaram a hipótese, sendo esta visão negativa minoritária, uma vez que "a maioria da população brasileira, embora mostre baixo grau de conhecimento dos direitos humanos em sua amplitude, tende: (1) a reconhecer o caráter universalista dos direitos humanos e sua relevância para o bem comum; (2) a reivindicá-los, ainda quando não os nomeie como tais".[33]

Ao serem perguntados sobre o que associavam aos direitos humanos, 14% não souberam responder, mas a maioria (58% dos entrevistados) mencionou direitos civis (igualdade, cidadania, liberdade de ir e vir, entre outros); 31% nomearam direitos sociais (saúde, educação, emprego, entre outros), 3% citaram direitos políticos e 6% citaram que são direitos que defendem bandidos.[34]

---

[30] Ibid., p. 94.
[31] VARELLA, Thiago. Brasil tem 'conceito infeliz' de que direitos humanos são 'para bandidos', diz coordenador da Anistia Internacional. *UOL Notícias*, São Paulo, 28 maio 2009. Disponível em: <http://noticias.uol.com.br/ultnot/internacional/2009/05/28/ult1859u1047.jhtm>. Acesso em: 24 set. 2013.
[32] VENTURI, Gustavo (Org.). *Direitos humanos*: percepções da opinião pública. Brasília, DF: Secretaria de Direitos Humanos, 2010. A pesquisa foi feita com base em entrevistas pessoais com uma amostra representativa da população brasileira urbana, com 14 anos ou mais de idade. Foram conduzidas 2.011 entrevistas em agosto de 2008.
[33] Ibid, p. 16.
[34] Ibid, p. 252.

Outra pergunta, feita aos entrevistados na pesquisa, dizia respeito ao sujeito dos direitos humanos, "Quando o(a) senhor(a) ouve falar em "proteção dos direitos humanos", o(a) senhor(a) pensa que se trata dos direitos de quem?". A maioria dos entrevistados (55%) deu respostas amplas e abstratas, dizendo que o sujeito dos direitos humanos seriam a humanidade como um todo ou todos os cidadãos do mundo. Não souberam responder 39% dos entrevistados, sendo que 8% disseram se tratar de direitos de bandidos e infratores; 5%, de direitos de ricos; 2%, direitos de políticos, e 2%, direitos de brancos. Outros 9% disseram se referir a direitos dos pobres; 9%, direitos de idosos; 8%, direitos de crianças e adolescentes; 3%, direitos de negros; 2%, de vítimas de agressão; 2%, deficientes; e outros 2%, de mulheres. Esses resultados reforçam o argumento de Douzinas, de que o sujeito dos direitos humanos seria abstrato demais para ser real ou muito concreto para ser universal.

Cano,[35] ao interpretar os dados dessa mesma pesquisa, entende que há ainda uma forte contradição no imaginário brasileiro sobre direitos humanos, uma vez que, apesar de a maioria entender que direitos humanos implicam direitos civis e sociais, e que o sujeito dos direitos humanos são "todos os cidadãos do mundo", grande parte (59%) concorda com pelo menos uma das afirmações do tipo "direitos humanos deveriam ser só para pessoas direitas" e "bandido bom, é bandido morto" — sendo que 34% dos brasileiros concordam com a primeira afirmação e 43% com a segunda.[36]

O autor observa que há uma proporção significativa de pessoas que defendem uma visão restritiva do sujeito dos direitos humanos, negando esses direitos a segmentos populacionais como presidiários, bandidos e criminosos, e identifica a escolaridade como a principal variável explicativa na demarcação dos grupos de maior e menor apoio aos direitos humanos, sendo que quanto maior a escolaridade, maior o apoio aos direitos humanos. E os moradores de favelas do Rio de Janeiro, o que eles entendem por direitos humanos?

Ao realizar uma pesquisa com moradores das três favelas mencionadas, constatamos que sua percepção sobre direitos humanos corrobora a crítica

---

[35] CANO, Ignacio. Direitos humanos, criminalidade e segurança pública. In: VENTURI, Gustavo (Org.). *Direitos humanos*: percepções da opinião pública. Brasília, DF: Secretaria de Direitos Humanos, 2010. p. 65-75.
[36] Ibid, p. 67.

apresentada ao sujeito dos direitos humanos: o sujeito é bem-definido, e a proteção dos direitos humanos não atinge a classe mais pobre e/ou os excluídos da sociedade — que são as pessoas que mais precisariam de proteção.

A primeira pergunta direcionada aos moradores foi sobre o conhecimento dos direitos humanos — no total 68% deles disseram conhecer ou já ter ouvido falar algo sobre direitos humanos, sendo que, quanto maior a renda e a escolaridade, maior o conhecimento. Nota-se também que aqueles que declararam ter religião têm maior conhecimento do que os que afirmam não ter religião (reforçando uma característica comum no Brasil de ter na Igreja um dos principais atores articuladores do discurso dos direitos humanos).

Àqueles que declararam conhecer, perguntamos se saberiam citar algum dos direitos humanos, e 32% deles (ou 22% do total de entrevistados) disseram que sim.

Uma diferença que notamos entre as três favelas é que os moradores do Vidigal tendem a ter uma familiaridade maior com os direitos humanos se comparados aos moradores do Cantagalo e da Fazendinha — isso se deve em parte ao perfil dos moradores em termos de escolaridade, com o Vidigal tendo moradores com nível de escolaridade maior, comparado ao das outras duas favelas.

Gráfico 1 | Percentual de moradores que declararam conhecer ou já ter ouvido falar sobre direitos humanos e que declararam saber citar algum dos direitos humanos

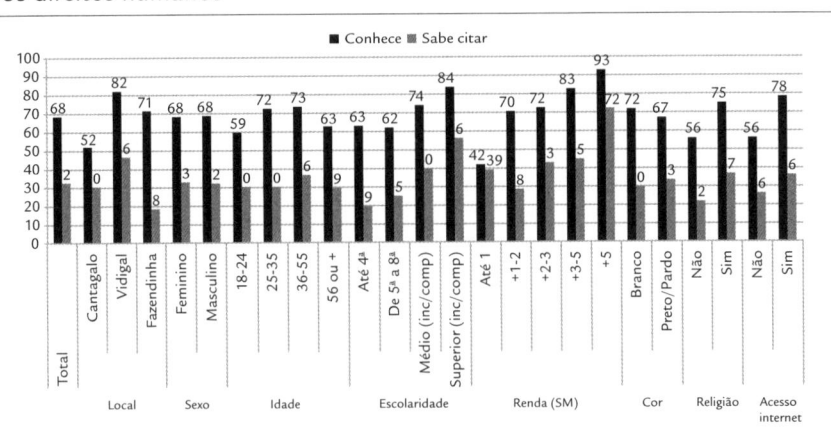

Base: Conhece direitos (1.220) e sabe citar algum direito (832).

SM = salário mínimo.

Os direitos mais associados aos direitos humanos são os direitos civis, seguidos dos sociais e da menção ao direito à Defensoria Pública e à Justiça — apenas 1% dos entrevistados citaram direitos políticos (direito ao voto e direitos políticos sem especificar). Vale lembrar que, seguindo mesmo procedimento adotado na pesquisa anterior, as respostas à pergunta foram registradas de forma aberta, sendo posteriormente agrupadas em temas recorrentes e classificadas na tipologia de direitos: civis, políticos e sociais.

Interessante notar que no Cantagalo e na Fazendinha as menções aos direitos sociais superam as menções aos direitos civis, na tendência observada de que, quanto maior a escolaridade, maior a associação dos direitos humanos aos direitos civis.

Quadro 1 | O que associam a direitos humanos, de acordo com local de moradia e escolaridade (% escolha múltipla)

| | Total | Local | | | Escolaridade | | | |
|---|---|---|---|---|---|---|---|---|
| | | Cantagalo | Vidigal | Fazendinha | Até 4ª série | De 5ª a 8ª série | Média (inc/comp) | Superior (inc/comp) |
| Direitos civis | 82 | 18 | 48 | 11 | 15 | 21 | 34 | 67 |
| Direitos sociais | 71 | 26 | 39 | 14 | 18 | 17 | 34 | 54 |
| Justiça | 10 | 4 | 4 | 1 | 2 | 2 | 4 | 2 |
| Direitos políticos | 1 | 0 | 1 | 0 | 1 | 0 | 0 | 3 |

Base: 239 entrevistados que declararam saber citar algum dos direitos humanos.

Saúde, educação e liberdade de ir e vir foram os direitos mais associados aos direitos humanos, como é possível ver no gráfico 2, que traz as principais respostas abertas (todas que no total corresponderam até 5% das menções). Nesse aspecto, os moradores das favelas estudadas não se distanciam da população brasileira urbana em geral, no sentido de identificar os direitos civis e sociais como direitos humanos, aparecendo pouco neste rol os direitos políticos e sendo apenas perceptível o peso um pouco maior dos direitos sociais na favela, direitos esses a que têm menos acesso se comparados à população em geral.

Uma diferença importante que notamos é que nenhum morador mencionou direitos de bandidos (citado por 6% da população brasileira, na pesquisa da Secretaria de Direitos Humanos). Nas favelas, apenas 2% mencionaram direitos de presos ou acusados como direitos humanos — e, como nos lembra Cano, é importante a diferença valorativa entre os termos "presos" e "bandidos"[37] — assim, ao mencionarem direitos humanos a noção da defesa dos direitos dos presos não aparece com a carga negativa presente quando se fala em direitos de bandidos.

É interessante notar a presença da Defensoria Pública entre os direitos mais mencionados associados aos direitos humanos, o que indica ser esta instituição central na concepção de acesso à justiça desses moradores.

Gráfico 2 | O que associam a direitos humanos, de acordo com local de residência (% múltipla escolha)

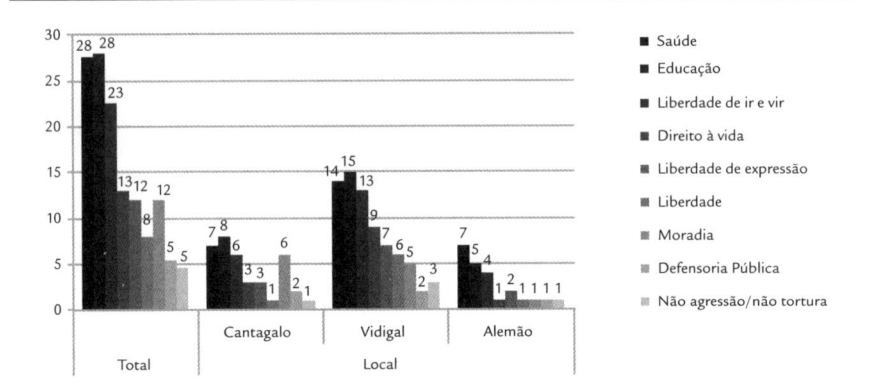

Base: 239 entrevistados que declararam saber citar algum direito.

Perguntamos aos entrevistados, então, quem acham que tem os direitos humanos mais respeitados e protegidos no Brasil, e 47% responderam que é a classe alta ou a elite do país, seguidos de 16% que disseram que eram as auto-

---

[37] Ibid., p. 67. Cano destaca que 52% dos brasileiros se declararam favoráveis aos direitos humanos dos presos, mas, quando em um momento posterior da pesquisa pergunta-se o quanto seriam favoráveis aos direitos humanos dos presos e bandidos, apenas 30% se declaram favoráveis, numa expressiva maior hostilidade a esse termo, mais carregado emocionalmente de aspectos negativos.

ridades políticas, indicando uma visão majoritariamente excludente. Outros 16% não souberam responder, 7% mencionaram crianças e adolescentes como principais sujeitos dos direitos humanos, 5% citaram os presos, 4% mencionaram bandidos (aqui aparecendo a carga valorativa negativa até então ausente), 2% disseram que não há respeito e proteção aos direitos de nenhum sujeito, 1% mencionou os idosos e 1% disse que é a população como um todo.

Há aqui uma diferença significativa na percepção do sujeito dos direitos humanos quando comparamos os moradores dessas favelas à população brasileira em geral. Enquanto esta última, em sua maioria, tinham uma concepção abstrata do sujeito dos direitos humanos, identificando-o como a humanidade toda, ou todos os cidadãos do mundo, os moradores dessas favelas têm uma visão mais concreta e restritiva, com a maioria vendo o sujeito dos direitos humanos nas classes poderosas.

Perguntamos, na sequência, quem teria os direitos humanos menos respeitados e protegidos no Brasil, ao que a maioria (59%) respondeu ser a "classe baixa ou os pobres", seguidos de 6% que apontaram os trabalhadores assalariados e os idosos; 4% disseram que as minorias (*gays*, mulheres, negros etc.); 2% mencionaram os idosos, a população como um todo, os desinformados e os moradores de favela, e 1% mencionou os cidadãos comuns. Foram 14% os que não souberam responder.

Gráfico 3 | Quem tem direitos humanos mais respeitados e protegidos no Brasil (%)

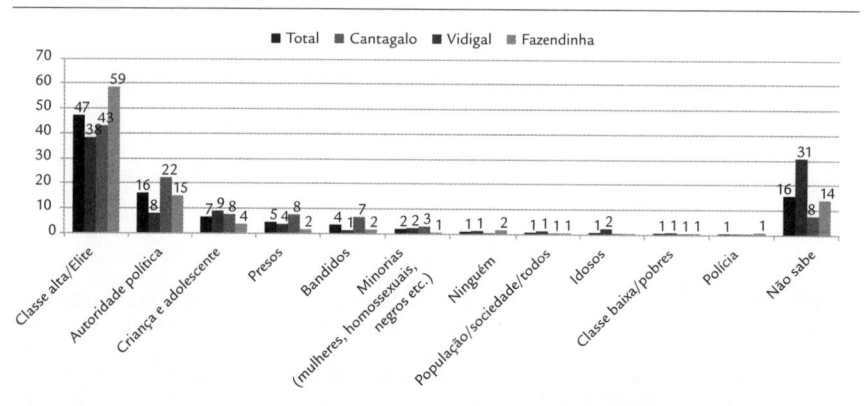

Base: 1.220 entrevistados.

Gráfico 4 | Quem tem direitos humanos menos respeitados e protegidos no Brasil (%)

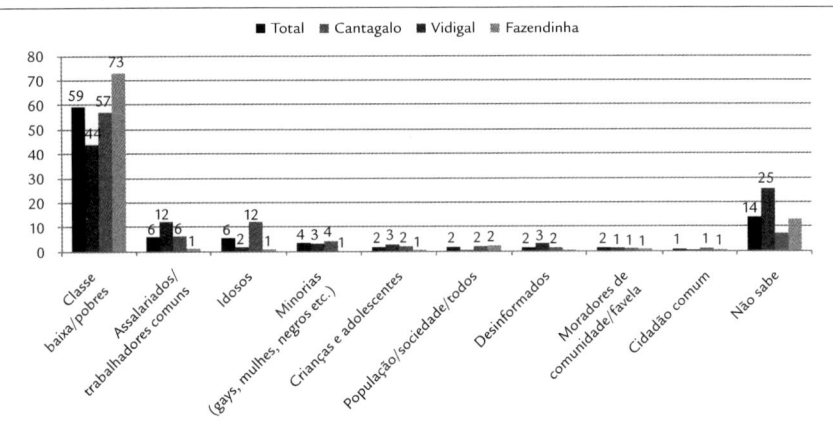

■ Total   ■ Cantagalo   ■ Vidigal   ■ Fazendinha

| Categoria | Total | Cantagalo | Vidigal | Fazendinha |
|---|---|---|---|---|
| Classe baixa/pobres | 59 | 73 | 57 | 44 |
| Assalariados/trabalhadores comuns | 12 | 6 | 6 | 1 |
| Idosos | 12 | 6 | 2 | 1 |
| Minorias (gays, mulheres, negros etc.) | 4 | 3 | 4 | 1 |
| Crianças e adolescentes | 2 | 3 | 2 | 1 |
| População/sociedade/todos | 2 | 2 | 2 | |
| Desinformados | 2 | 3 | 2 | |
| Moradores de comunidade/favela | 2 | 1 | 1 | 1 |
| Cidadão comum | 1 | 1 | 1 | |
| Não sabe | 14 | 25 | | |

Base: 1.220 entrevistados.

As duas últimas respostas, uma referente ao sujeito dos direitos humanos e outra a quem eles deixam de fora, estão em conformidade com a crítica apresentada por autores da teoria crítica do direito ao sujeito dos direitos humanos: ele é bem-definido e não contempla as pessoas mais pobres. Assim, ambas as respostas demonstram que os moradores dessas favelas têm consciência de que não são considerados como sujeitos dos direitos humanos. Como é excluída do gozo desses direitos, a maioria dos entrevistados não conhece os direitos humanos. E, se os excluídos não conhecem seus direitos, como é que podem acionar os mecanismos de proteção dos direitos humanos? Como inexistem mecanismos domésticos voltados exclusivamente à proteção dos "direitos humanos",[38] partiremos para a análise das limitações dos mecanismos internacionais de proteção desses direitos.

---

[38] Isso não significa que não existam mecanismos no âmbito nacional capazes de proteger direitos fundamentais (que são os direitos humanos positivados no ordenamento nacional), mas tão somente que inexistem órgãos voltados exclusivamente à proteção de determinados direitos, como ocorre no âmbito internacional (por exemplo, o Comitê de Direitos Humanos da ONU recebe somente denúncias de violações a direitos civis e políticos dispostos no Pacto Internacional de Direitos Civis e Políticos). Cabe à vítima ou representante da vítima acionar a instância mais adequada (cível ou criminal), conforme o caso.

## As limitações dos mecanismos internacionais de proteção dos direitos humanos[39]

Além dos tratados internacionais nesse campo, os sistemas ONU e regionais de direitos humanos também são compostos por mecanismos de proteção desses direitos. Tais mecanismos têm por objetivo garantir que os Estados-partes de uma convenção efetivamente protejam os direitos humanos ali elencados. Assim, esses mecanismos podem ser compreendidos como uma ampliação à proteção da pessoa, já que poderão ser acionados sempre que o Estado for omisso ou falho em resolver o caso internamente.

Especificamente em relação ao Brasil, o Estado ratificou os principais tratados internacionais de direitos humanos. Isso significa que, em tese, qualquer brasileiro pode encaminhar uma denúncia ao mecanismo de proteção atrelado ao tratado ratificado[40] quando o Estado não conseguir solucionar o caso no âmbito doméstico, tendo em vista os princípios da subsidiariedade e complementaridade dos sistemas internacionais de proteção dos direitos humanos em relação ao ordenamento nacional. Assim, faz-se necessário que a vítima ou representante da vítima tente primeiramente resolver o caso internamente, recorrendo às instâncias jurídicas dispostas em lei.

Contudo, se grande parte da população desconhece seus direitos, como é que pode acionar esses mecanismos? Essa questão está atrelada ao fato de os mecanismos internacionais serem baseados na ideia de que o principal ator do cenário internacional ainda é o Estado. Como consequência: (i) uma pessoa só pode denunciar um Estado se o mesmo tiver ratificado o tratado que cria o mecanismo ao qual se pretende enviar a petição; e (ii) o acesso aos mecanismos está atrelado à condição de cidadão e ao seu conhecimento.

---

[39] Tendo em vista a falta de mecanismos específicos de proteção dos direitos humanos no Brasil, o presente trabalho optou por focar nos mecanismos internacionais. Isso não significa que os direitos fundamentais – que são os direitos humanos que foram positivados em nosso ordenamento jurídico – não possam ser reivindicados, mas tão somente que não há um mecanismo diferenciado para tratar de violações de direitos humanos.
[40] Como exemplo, destaque-se que o Brasil ratificou a Convenção Americana sobre Direitos Humanos em 1992. Como consequência, qualquer brasileiro pode enviar uma denúncia de violação aos direitos dispostos no referido tratado à Comissão Interamericana de Direitos Humanos.

Em relação ao primeiro ponto, uma pessoa ou grupo de pessoas só pode enviar uma denúncia aos mecanismos convencionais da ONU de proteção dos direitos humanos e aos sistemas regionais de direitos humanos se o Estado denunciado tiver ratificado o tratado que cria o mecanismo escolhido. Destaque-se, para fins exemplificativos, o sistema interamericano de direitos humanos. Neste sistema, uma pessoa ou grupo de pessoas só pode enviar uma denúncia à Comissão Interamericana de Direitos Humanos caso o Estado responsável pela violação tenha ratificado a Convenção Americana sobre Direitos Humanos. Além dessa ratificação, faz-se necessária uma declaração em separado dizendo que o Estado também reconhece a competência da Corte IDH.

Outra questão a ser enfrentada diz respeito à não ratificação dos tratados de direitos humanos. Como exemplo, destacamos os EUA, que não ratificaram até hoje a Convenção Americana sobre Direitos Humanos (que cria a Corte IDH) e o Estatuto de Roma (que estabelece o Tribunal Penal Internacional). Como consequência, esses espaços transnacionais não são acessíveis a todas as pessoas, uma vez que o acesso está atrelado à necessidade de ratificação pelo Estado violador.

O segundo tópico, por sua vez, demonstra que na prática o DIDH busca proteger somente as pessoas que, na condição de cidadãos, têm acesso aos mecanismos internacionais. Além disso, as pessoas só poderão acionar os mecanismos se tiverem conhecimento sobre sua existência. Porém, como as pessoas que vivem à margem da sociedade poderão reivindicar seus direitos? Ademais, se elas desconhecem a existência de seus direitos, como poderão conhecer e acionar tais mecanismos?

Essas questões demonstram que os mecanismos de proteção dos direitos humanos também foram criados para um sujeito bem-definido, pois é ele que é considerado cidadão e, ao mesmo tempo, detém conhecimento sobre seus direitos e seus mecanismos de proteção. Sendo assim, o DIDH não protege efetivamente os excluídos de um Estado, que são aqueles que, na verdade, deveriam ter seus direitos assegurados. Como exemplo, destaque-se a situação dos trabalhadores migrantes não documentados. No âmbito do DIDH, existe somente a Convenção Internacional sobre a Proteção dos Direitos dos Trabalhadores Migrantes e dos Membros de Suas Famílias. Criada em 1990, essa convenção entrou em vigor somente em 2003, e conta hoje com apenas 45 ratificações, sendo que os Estados que são os principais receptores de imigrantes não a ratificaram.

Hannah Arendt já havia ressaltado essa questão no contexto pós-I Guerra Mundial: o surgimento de pessoas deslocadas trouxe à tona a tensão entre homem e cidadão, presente já nas declarações do século XVIII. A impossibilidade dos Estados europeus de lidarem com os refugiados e pessoas sem Estado demonstrou o caráter abstrato dos direitos humanos e a necessidade de pertencimento a uma comunidade política para que os direitos humanos sejam protegidos. Nesse sentido, Arendt afirma ser impossível falar em direitos humanos inalienáveis e universais, uma vez que os direitos só podem ser realizados dentro de um Estado e, na prática, somente os cidadãos dos países mais ricos terão seus direitos assegurados. Nesse contexto, Arendt ressalta que o "direito a ter direitos" é mais importante que diversos direitos, uma vez que confere à pessoa o direito de pertencer a uma comunidade política.[41]

Arendt contesta a ideia de que os direitos humanos são dados pela natureza ou pelo Estado. Para ela, tais direitos são criados através da decisão e determinação humanas, ou melhor, através de nosso comprometimento político intersubjetivo e posto em prática através de nossa ação.[42] Como nós não somos seres condicionados, tudo, incluindo os direitos humanos, nos condiciona ao invés. De acordo com a autora, nós não nascemos livres; nós nos tornamos livres como membros de um grupo através da decisão de nos assegurarmos direitos mútuos.[43]

Essa afirmação de Arendt está baseada em sua crença na natureza intersubjetiva do mundo. A ação do outro nos condiciona e se torna parte do que somos. Os direitos humanos só podem se tornar reais através da ação e sustentados pelo poder. Dessa forma, a afirmação de que os direitos humanos existem na base da ação significa que eles se tornam parte do mundo e parte do que somos.

---

[41] ARENDT, Hannah. *Origens do totalitarismo*. Trad. Roberto Raposo. São Paulo: Companhia da Letras, 2004. p. 300.
[42] Ibid., p. 302.
[43] Ibid.

Verifica-se, assim, uma incompatibilidade entre a consagração universal dos direitos humanos e sua efetiva proteção. Dessa forma, apesar do DIDH dispor que toda pessoa deve ter seus direitos protegidos, na prática somente os cidadãos membros de Estados que ratificaram determinada convenção — e com conhecimento sobre sua existência — é que podem ter acesso aos mecanismos de proteção dos direitos humanos.

## Considerações finais

Em suma, as críticas ao sujeito dos direitos humanos e ao acesso aos mecanismos de proteção desses direitos revelam um círculo vicioso: a classe baixa, os pobres, não tem seus direitos humanos assegurados e não conhecem seus direitos e mecanismos de proteção. Como consequência, não podem reivindicar sua proteção e, assim, continuam sem ter seus direitos garantidos. Ao entrevistarmos moradores das favelas do Cantagalo, do Vidigal e da Fazendinha, constatamos que essas críticas correspondem à realidade, e que os entrevistados têm plena consciência de que são excluídos do acesso aos direitos.

Isso significa que devemos descartar o discurso dos direitos humanos? Muito pelo contrário: as críticas apresentadas no presente capítulo não têm por objetivo desconsiderar as contribuições do discurso hegemônico, mas sim demonstrar a necessidade de irmos além, a fim de incluir novos olhares sobre o tema e, assim, fortalecer a luta pelos direitos humanos de uma forma geral.

Isto porque entendemos que o discurso dos direitos humanos ainda é uma importante ferramenta na luta das ONGs pela sua garantia. Tendo em vista a indeterminação do discurso, os atores — como as ONGs — poderão utilizá-lo de acordo com sua interpretação, o que possibilita, portanto, seu uso para a luta pela proteção dos direitos humanos dos excluídos. Nesse caso, o discurso dos direitos humanos estaria protegendo quem efetivamente precisa de amparo: a classe mais baixa/pobre da população.

# Referências

ARENDT, Hannah. *Origens do totalitarismo*. Trad. Roberto Raposo. São Paulo: Companhia da Letras, 2004.

BAXI, Upendra. *The future of human rights*. Oxford: Oxford University Press, 2008.

BEDAU, Hugo Adam. "Anarchical fallacies": Bentham's attack on human rights. *Human Rights Quarterly*, Baltimore, MD, v. 22, n. 1, p. 262, fev. 2000.

BENTHAM, Jeremy. *Anarchical fallacies*: being an examination of the Declaration of Rights issued during the French Revolution. [S.l.]:[s.n.], 1796. Disponível em: <http://oll.libertyfund.org/titles/1921>. Acesso em: 28 set. 2011.

BROWN, Wendy. We are all democrats. In: AGAMBEN, Giorgio et al. *Democracy in what state?* Nova York: Columbia University Press, 2011.

CALDEIRA, Teresa Pires do Rio. Direitos humanos ou "privilégio de bandidos"? Desventuras da democratização brasileira. *Novos Estudos Cebrap*, São Paulo, n. 30, p. 162-174, jul. 1991.

CANO, Ignacio. Direitos humanos, criminalidade e segurança pública. In: VENTURI, Gustavo (Org.). *Direitos humanos*: percepções da opinião pública. Brasília, DF: Secretaria de Direitos Humanos, 2010. p. 65-75.

CARBONARI, Paulo. Direitos humanos, desigualdades e contradições. In: INESC. *Pensando uma agenda para o Brasil*: desafios e perspectivas. Brasília, DF: Inesc, 2007. p. 87-103.

COIMBRA, Cecília; LOBO, Lilia; NASCIMENTO, Maria Livia do. Por uma invenção ética para os direitos humanos. *Revista Psicologia Clínica da PUC-Rio*, Rio de Janeiro, v. 20, n. 2, p. 89-102, 2008.

DELEUZE, Gilles. *Conversações*. Rio de Janeiro: Ed. 34, 1992.

DOUZINAS, Costas. *Human rights and empire*. Nova York: Routledge Cavendish, 2009a.

_____. *O fim dos direitos humanos*. São Leopoldo: Unisinos, 2009b.

_____. Quem são os "humanos" direitos? *The Guardian*, Londres, 1 abr. 2009c. (Trad. de "Who counts as 'human'?" Projeto Revoluções). Disponível em: <http://revolucoes.org.br/v1/sites/default/files/quem_sao_os_humanos_dos_direitos.pdf>. Acesso em: 29 set. 2013.

GHALI, Boutros-Boutros. The common language of humanity. In: UNITED NATIONS WORLD CONFERENCE ON HUMAN RIGHTS: THE VIENNA DECLARATION AND THE PROGRAMME OF ACTION, 1993, Nova York. *Proceedings...* Nova York: The United Nations, 1993.

GOMES, Marcelo. Caso Amarildo: todos os PMS com prisão decretada já se apresentaram. *O Estado de S. Paulo*, São Paulo, 4 out. 2013. Disponível em: <www.estadao.com.br/noticias/cidades,caso-amarildo-todos-os-pms-com-prisao-decretada-ja-se-apresentaram,1082113,0.htm>. Acesso em: 14 out. 2013.

LUÑO, Antonio Enrique Pérez. *Derechos humanos, Estado de derecho y Constitución*. 7. ed. Madri: Tecnos, 2001.

MIGNOLO, Walter. Who speaks for the "human" in human rights? In: BARRETO, José-Manuel. *Human rights from a Third World perspective*: critique, history and international law. Cambridge: Cambridge Scholars Publishing, 2013.

RAMALHO, Sérgio; BOTTARI, Elenilce. Inquérito conclui que Amarildo foi torturado até a morte. *O Globo*, Rio de Janeiro, 2 out. 2013. Disponível em: <http://oglobo.globo.com/rio/inquerito-conclui-que-amarildo-foi-torturado-ate-morte-10225436>. Acesso em: 7 out. 2013.

VARELLA, Thiago. Brasil tem 'conceito infeliz' de que direitos humanos são 'para bandidos', diz coordenador da Anistia Internacional. *UOL Notícias*, São Paulo, 28 maio 2009. Disponível em: <http://noticias.uol.com.br/ultnot/internacional/2009/05/28/ult1859u1047.jhtm>. Acesso em: 24 set. 2013.

VENTURI, Gustavo (Org.). *Direitos humanos*: percepções da opinião pública. Brasília, DF: Secretaria de Direitos Humanos, 2010.

CAPÍTULO 5
## Conflitos e resolução de litígios nas favelas do Cantagalo, do Vidigal e do Complexo do Alemão

FABIANA LUCI DE OLIVEIRA

MARIA TEREZA AINA SADEK

Partindo da abordagem de Felstiner, Abel e Sarat[1] — que consideram o acesso à justiça como um processo de "nomeação, responsabilização e reivindicação", que consiste em reconhecer uma situação vivenciada como prejudicial, identificar outro responsável pelo prejuízo e confrontar esse outro em busca de reparação ou remédio, com a possibilidade de busca e acesso a uma solução através da justiça formal ou outro terceiro idôneo — voltamo-nos aqui à compreensão de como tem se dado o acesso à justiça entre os moradores das favelas do Cantagalo, do Vidigal e de áreas do Complexo do Alemão compreendidas na UPP Fazendinha.

Nosso objetivo é mapear os fatores que explicam e impactam a demanda e o acesso à justiça, focando na dimensão da vivência de conflitos, identificando os tipos de problemas mais comuns (moradia, vizinhança, criminalidade e violência etc.) e as formas de gestão e resolução adotadas, com atenção especial para a busca ou não das instituições formais de justiça (polícia, Defensoria Pública, Ministério Público e Judiciário).

---

[1] FELSTINER, W. L. F.; ABEL, R. L.; SARAT, A. The emergence and transformation of disputes: naming, blaming, claiming. *Law and Society Review*, Salt Lake City, v. 15, n. 3/4, p. 631-654, 1980-1981. Ed. especial.

Partimos da constatação de pesquisas de âmbito nacional, que colocam características socioeconômicas como as principais preditoras de demanda e acesso à justiça,[2] mas buscamos explorar, para além dessas características, como os fatores informação e oportunidade, ou seja, a consciência e o reconhecimento de que determinado conflito se caracteriza como um problema passível de resolução via justiça formal e a vontade e disponibilidade para iniciar uma ação judicial para solucionar esse conflito operam entre os moradores dessas favelas.[3]

Como lidamos com um espaço urbano caracterizado pela irregularidade da ocupação, muitas vezes considerada como ilegalidade, e que durante décadas se definiu a partir da ausência do Estado (o que levou à precariedade dos serviços públicos disponibilizados e à configuração de um cenário de insegurança e violência, reforçando também o discurso criminalizante que vem estigmatizando seus moradores e alimentando uma série de representações arraigadas no imaginário coletivo carioca, como a "metáfora da guerra"), os efeitos da política de segurança pública das Unidades de Polícia Pacificadora (UPPs) tornam-se fatores fundamentais de análise. Buscamos entender os impactos das UPPs tanto na gestão dos conflitos existentes, e na remoção de barreiras ao acesso às instituições formais de justiça (sejam elas o receio de represálias ao buscar essas instituições formais, o desconhecimento, a vergonha etc.) quanto na geração de novos (potenciais) conflitos.

A descrição e a análise dessas questões são feitas a partir de pesquisas realizadas em dois momentos: 2011[4] (anterior à implantação da UPP em uma das favelas estudadas, o Vidigal) e 2013 (posterior à instalação da UPP no Vidigal, que se deu em janeiro de 2012 — sendo que no Cantagalo a UPP já existia desde

---

[2] Ver: INSTITUTO BRASILEIRO DE GEOGRAFIA E ESTATÍSTICA (IBGE). *Pesquisa Nacional por Amostra de Domicílios (Pnad)*: características da vitimização e do acesso à justiça no Brasil. Rio de Janeiro: IBGE, 2009; INSTITUTO DE PESQUISA ECONÔMICA E APLICADA (IPEA). *Indicadores socioeconômicos e a litigiosidade*. Brasília, DF: Ipea, 2009; SADEK, Maria Tereza. Acesso à justiça: visão da sociedade. *Justitia*, São Paulo, v. 1, p. 271-280, 2009; CUNHA, Luciana Gross et al. *Índice de Confiança na Justiça Brasileira (ICJBrasil)*: relatório do ano 4 (2º trim. 2012/1º trim. 2013). São Paulo: FGV, 2013.
[3] Ver: CARLIN, J.; HOWARD, J. Legal representation and class justice. *UCLA Law Review*, Los Angeles, CA, n. 12, p. 381-383, 1965; CAPPELLETTI, Mauro; GARTH, Bryant. *Acesso à justiça*. Porto Alegre: Fabris, 1988; SADEK, Maria Tereza. "Acesso à justiça", 2009, op. cit., p. 271-280.
[4] Para os resultados da primeira etapa da pesquisa, ver SADEK, Maria Tereza Aina; OLIVEIRA, Fabiana Luci de. Vivência de conflitos e usos das instituições formais de justiça pelos moradores das favelas. In: OLIVEIRA, Fabiana Luci de. *UPPs, direitos e justiça*: um estudo de caso das favelas do Vidigal e do Cantagalo. Rio de Janeiro: FGV, 2012. p. 123-149.

dezembro de 2009, e a área da Fazendinha, no Complexo do Alemão, foi incorporada à pesquisa apenas nesse segundo momento, tendo UPP desde abril de 2012).

Abordamos, entre outras questões, a vivência de conflitos ou situação de desrespeito a direitos (a partir de relatos espontâneos e estimulados) e a forma de solução buscada, a percepção quanto à sua efetividade e, quando não houve recurso às instituições formais de justiça, exploramos o motivo dessa "não procura". Trazemos a comparação dos dados das duas etapas da pesquisa e aprofundamos aspectos dos impactos da UPP a partir da comparação dos resultados para o caso específico do Vidigal, investigado um ano antes e um ano após a instalação da UPP.

## Acesso à justiça: quadro metodológico e analítico

Nosso objetivo é mensurar e entender demanda e acesso à justiça, tanto formal quanto informal (estatal × não estatal), identificando também as necessidades não satisfeitas, ou seja, casos em que o morador não consegue fazer valer, reivindicar ou defender um direito desrespeitado por não saber como fazê-lo, por falta de serviços de justiça de qualidade ou oferta adequada, ou, ainda, quando prefere não fazê-lo por descrença, medo ou vergonha.

Para o desenvolvimento do nosso quadro metodológico e analítico, recorremos inicialmente aos estudos e teorias que buscam explicar a utilização do sistema formal de justiça. Esses estudos identificam como principais variáveis explicativas as características socioeconômicas, especialmente renda e escolaridade. Outros fatores centrais apontados são acesso à informação (ou seja, o reconhecimento de que determinado problema se caracteriza como um problema jurídico, passível de resolução via justiça formal), oportunidade (a vontade e disponibilidade de iniciar uma ação judicial para solucionar o problema) e o conhecimento das instituições formais de justiça, sua localização e a confiança que se tem nelas. O tipo de conflito vivenciado e o local de moradia também ajudam a explicar a utilização das instituições formais de justiça.[5]

---

[5] Ver notas 2 e 3.

Consideramos nessa discussão os indicadores do "Atlas de acesso à justiça", publicado pelo Ministério da Justiça em 2013, que aponta o desconhecimento dos cidadãos acerca de seus direitos e garantais fundamentais básicos como o principal entrave no acesso à justiça, acarretando também o desconhecimento sobre os mecanismos jurisdicionais e extrajudiciais.[6]

Como já pontuamos em outros momentos,[7] a favela traz elementos adicionais que costumam dificultar o acesso à justiça, como a irregularidade da ocupação, e mesmo a ilegalidade, a ausência do Estado (serviços públicos ausentes ou precários) e a condição de insegurança em que vivem os moradores. Há também o grande desconhecimento de direitos e das instituições a que possam recorrer para fazer valer esses direitos, além da vergonha e do receio de serem criminalizados que acompanham o estigma de "favelados". Portanto, os moradores das favelas estariam entre os mais excluídos do sistema formal de justiça, e tenderiam a recorrer com maior frequência a mecanismos informais e não pacíficos na gestão de seus conflitos.[8]

Considerando especificamente acesso à justiça cível, baseamo-nos em dois trabalhos para o desenvolvimento dos nossos instrumentos de coleta de dados (questionário e roteiro de entrevistas semiestruturadas): Sandefur, que fez um mapeamento das principais pesquisas e teorias sociológicas na explicação do acesso à justiça,[9] e Genn e Paterson, que conduziram *surveys* sobre a utilização das instituições de justiça para a solução de conflitos no âmbito cível no Reino Unido e na Irlanda.[10]

Em seu mapeamento, Sandefur identifica três principais conjuntos de fatores, ou mecanismos de desigualdades, que explicariam as diferenças na forma de gerenciamento dos conflitos passíveis de solução via justiça formal

---

[6] MINISTÉRIO DA JUSTIÇA (MJ). Secretaria de Reforma do Judiciário. *Atlas de acesso à justiça*: indicadores nacionais de acesso à justiça. Brasília, DF: MJ, 2013, p. 9.
[7] Ver nota 4.
[8] Ver SANTOS, Boaventura de Sousa. The law of the oppressed: the construction and reproduction of legality in Pasargada. *Law and Society Review*, Salt Lake City, v. 12, n. 1, p. 5-126, 1977.
[9] SANDEFUR, Rebecca L. Access to civil justice and race, class, and gender inequality. *Annual Review of Sociology*, Palo Alto, CA, v. 34, p. 339-358, 2008.
[10] GENN, Hazel G; PATTERSON, Alan. *Paths to justice*: what people do and think about going to law. Portland, OR: Hart Publishing, 1999; ____; ____. *Paths to justice Scotland*: what people in Scotland do and think about going to law. Portland, OR: Hart Publishing, 2001.

na área cível. Segundo a autora, a opção por recorrer ou não à Justiça para resolver um conflito nessa área dependeria, em primeiro lugar, do acesso a recursos materiais e simbólicos, ou seja, das diferenças na distribuição de recursos como dinheiro, informações, das conexões sociais úteis e dos custos estimados ao optar por cursos específicos de ação (por exemplo, valores em jogo em uma disputa, honorários advocatícios ou relacionamentos que podem ser interrompidos pelo conflito aberto). Em nossa pesquisa, trabalhamos com questões que permitissem capturar esses elementos materiais (como renda e escolaridade) e simbólicos (como conhecimento de direitos).

O segundo conjunto de fatores envolveria orientações subjetivas, tais como crenças sobre a legitimidade ou eficácia da lei, crenças sobre o que constitui um tratamento justo, ou sobre o que é provável se conseguir caso se persiga algum curso de ação específico. Para apreender esses aspectos, inserimos um conjunto de questões sobre conhecimento e confiança em instituições passíveis de gerenciar conflitos (sejam as formais, como polícia, Judiciário, Defensoria Pública, as instituições administrativas, como Procon, Anatel, e as não estatais, como associações de moradores). Ainda de acordo com Sandefur, nesse mesmo conjunto, é preciso considerar que diferenças nas experiências de Justiça civil podem criar diferenças nas orientações subjetivas, afetando as crenças das pessoas, e também podem refletir o impacto dessas orientações sobre o comportamento. Assim, buscamos mapear a experiência prévia dos moradores das favelas com essas instituições (se já utilizaram, quantas vezes, em que situações etc.).

O terceiro conjunto de fatores trata da institucionalização diferencial de algumas temáticas passíveis de disputa, ou seja, alguns tipos de problemas e alguns interesses têm sido institucionalizados como compreendidos pela lei e juridicamente acionáveis, enquanto outros não, e ainda outros estão parcialmente ou precariamente institucionalizados, sendo objetos de luta ativa. Nesse caso específico, teríamos tipos de conflitos para os quais parece haver entendimento consolidado na justiça, por exemplo. Para identificar os tipos de conflitos mais comuns nas favelas, baseamo-nos em estudo de Moreira e Cittadino,[11] que mapearam decisões judiciais envolvendo esses territórios no Rio de Janeiro.

---

[11] MOREIRA, Rafaela Selem; CITTADINO, Gisele. Acesso individual e coletivo de moradores de favelas à justiça. *Revista Brasileira de Ciências Sociais*, São Paulo, v. 28, n. 81, p. 33-48, 2013.

Já a partir do trabalho de Genn e Paterson, foi possível identificar cinco tópicos essenciais para estabelecer a trajetória dos conflitos e seu potencial desfecho. De acordo com os autores, para mensurar e explicar acesso à justiça é preciso determinar (i) a incidência de problemas passíveis de solução via justiça; (ii) a resposta do público frente à vivência desses problemas (se procuraram alguém, a quem procuraram, se e por que foram ou não às instituições formais de justiça); (iii) padrão de resposta frente aos tipos de conflitos vivenciados; (iv) tipo de auxílio prestado pela instituição buscada (informação, assistência etc.); e (v) resultados alcançados.[12]

Esses textos orientaram o desenho dos instrumentos de coleta de dados e a escolha das variáveis com as quais trabalhamos. Para isso, baseamo-nos, ainda, nas pesquisas do IBGE (suplemento da Pnad 2009 "Características da vitimização e do acesso à justiça no Brasil"), da FGV (Índice de Confiança na Justiça Brasileira – ICJ Brasil, 2009 a 2013), e do Ipea (Sistema de indicadores de percepção social – Justiça, de 2011), para decidirmos acerca da forma mais apropriada para mensurar a vivência de situações de conflito (e potencial litígio) e as formas de gestão adotadas.

A Pesquisa Nacional por Amostra de Domicílios (Pnad) de 2009 pergunta sobre a vivência de "conflito grave" nos últimos cinco anos anteriores à data de realização da entrevista, havendo uma lista codificada de oito áreas, com a opção de outra área que não as já especificadas. Na entrevista da Pnad pede-se ao entrevistado que "indique a área de situação de conflito mais grave que teve no período de 27 de setembro de 2004 a 26 de setembro de 2009", sendo as opções: "1. Trabalhista; 2. Criminal; 3. Família; 4. Terras/moradia; 5. Serviços de água, luz e telefone; 6. Impostos/tributação; 7. Benefícios do INSS/previdência; 8. Bancos/instituições financeiras; 9. Outra (especifique); 10. Não teve problema".

Na sequência, para os conflitos que o entrevistado declarou ter vivenciado, é perguntado sobre o tipo de ajuda buscada para solucioná-lo, havendo uma lista codificada com sete opções e a possibilidade de registrar outras respostas que não as listadas. Para cada um dos conflitos declarados, pergunta-se ao en-

---

[12] GENN, Hazel G; PATTERSON, Alan. *Paths to justice*, 1999, op. cit.; GENN, Hazel G; PATTERSON, Alan. *Paths to justice Scotland*, 2001, op. cit.

trevistado: "Onde tentou buscar a solução do seu conflito?", sendo as opções de resposta: 1. Justiça (foi movida uma ação judicial formal); 2. Juizado Especial (antigo juizado de pequenas causas); 3. Amigo/parente; 4. Polícia; 5. Igreja; 6. Procon (Programa de Orientação e Proteção do Consumidor); 7. Sindicato/associação; 8. Outro (especifique); 9. Não buscou solução.

Não replicamos a forma de perguntar da Pnad por acreditar que o filtro de trivialidade utilizado é muito forte ("conflito grave" pode levar a um viés de subnotificação de problemas de consumo, por exemplo). E a maneira de coletar informações acerca da gestão do conflito também não nos agrada em virtude de assumir que buscar solução para o problema é a atitude esperada, pois na forma de perguntar não se coloca de antemão a possibilidade de não ter buscado solução. Evidentemente, em uma pesquisa com a extensão amostral da Pnad, esses potenciais vieses da forma de perguntar podem ser minimizados, mas em nossa amostra de menor alcance eles seriam potencializados.

Já a pesquisa do Ipea indaga sobre o problema "mais sério" que o entrevistado alguma vez enfrentou, a partir de uma lista estimulada de 13 situações. O entrevistador dirige-se ao entrevistado da seguinte forma: "Vou mencionar alguns tipos de problemas que as pessoas costumam enfrentar e gostaria que você me dissesse, entre esses, qual foi o mais sério que já enfrentou: família; vizinhança; relações de trabalho; pessoas com as quais fez negócio; crime e violência; cobrança de impostos ou outros conflitos com o fisco; previdência, assistência social ou demandas por direitos sociais; trânsito; imóvel ou terra; criança e adolescente; violência de agentes do Estado; problemas com repartições ou empresas públicas".

Na sequência, pergunta-se aos entrevistados que vivenciaram alguma das situações, para cada uma delas, a quem recorreram para solucionar o problema: "Quem você procurou em primeiro lugar para resolver esse problema?"

O filtro de trivialidade do Ipea é mais leve que o utilizado na Pnad, mas ainda assim pode levar ao viés de subnotificação de outras situações consideradas "menos sérias". A abordagem da gestão de conflitos também tende a favorecer ação dos indivíduos em detrimento da inação ("Quem você procurou...").

E, por fim, a pesquisa da FGV pergunta se o entrevistado ou alguém residente em seu domicílio já utilizou o Judiciário ou entrou com algum processo ou ação na Justiça: "O(a) senhor(a) ou alguém do seu domicilio já utilizou o Judiciário, ou seja, já entrou com algum processo ou ação na Justiça?". Essa forma de perguntar foi utilizada em nossa pesquisa para mensurar não a vivência de conflitos ou desrespeito aos direitos, mas sim a adjudicação desses conflitos e sua concretização em disputas judiciais. Mas para o que queremos capturar em primeiro lugar aqui, que são as vivências de conflitos que resultam ou não em processos judiciais, tivemos de adotar outra forma de perguntar.

Os resultados da pesquisa são discutidos na sequência, com base nos trabalhos e na literatura referenciada. O argumento geral que apresentamos é de que fatores materiais e simbólicos, como senso de direito ou sentimentos de impotência e vergonha, assim como conhecimento, percepções e experiências com as instituições de justiça, desempenham papel central no estabelecimento de padrões estratificados de ação e inação quando os moradores das favelas vivenciam situações potenciais de conflito.

## Discussão dos resultados

Constatamos que o desconhecimento dos direitos entre os moradores das favelas estudadas é grande, com mais da metade deles não conseguindo mencionar sequer um direito que as leis brasileiras lhes garantem — situação que pouco se alterou entre as duas rodadas da pesquisa.[13] Mas afirmamos, com Pandolfi e colaboradores,[14] que a dificuldade de verbalizar os direitos que possuem como cidadãos cariocas e brasileiros, não os impede de sentir que os direitos são pouco respeitados. A grande maioria (84%) acredita que "os direitos que estão na lei" são pouco ou nada respeitados.

---

[13] Ver quadro 1 do capítulo 3.
[14] PANDOLFI, Dulce Chaves et al. *Cidadania, justiça e violência*. Rio de Janeiro: FGV, 1999.

Gráfico 1 | Quanto moradores acreditam que os direitos são respeitados (%)

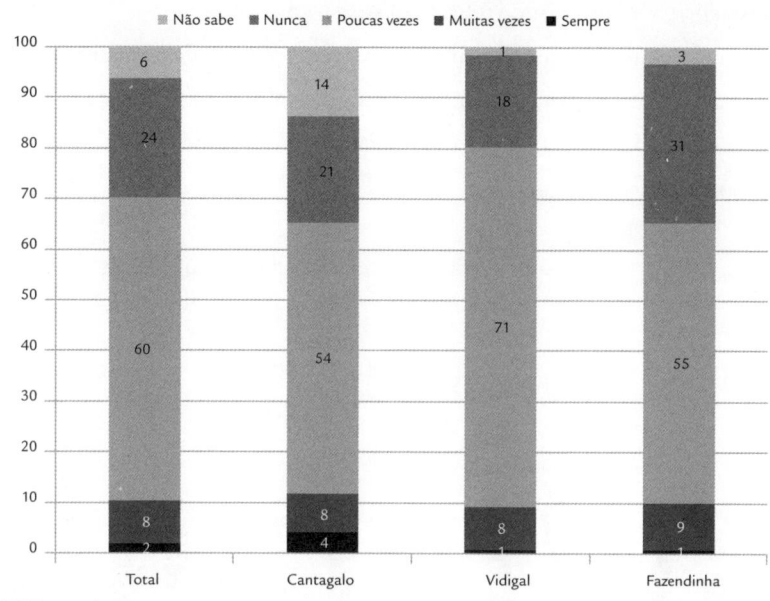

■ Não sabe ■ Nunca ■ Poucas vezes ■ Muitas vezes ■ Sempre

| | Total | Cantagalo | Vidigal | Fazendinha |
|---|---|---|---|---|
| Sempre | 2 | 4 | 1 | 1 |
| Muitas vezes | 8 | 8 | 8 | 9 |
| Poucas vezes | 60 | 54 | 71 | 55 |
| Nunca | 24 | 21 | 18 | 31 |
| Não sabe | 6 | 14 | 1 | 3 |

Base 1.220 entrevistas.

Mas quando perguntamos se nos últimos 12 meses eles passaram por alguma situação em que sentiram que algum dos seus direitos foi desrespeitado, apenas 18% responderam afirmativamente. Acreditamos que, embora 18% de pessoas sofrendo desrespeito a seus direitos seja um percentual muito elevado, esse dado deve ser ainda maior, em virtude do grande desconhecimento dos direitos — tanto que entre os moradores que conhecem seus direitos (ou seja, aqueles que souberam mencionar algum direito que a lei ou Constituição lhes garante), o percentual declarado de vivência de situação de desrespeito foi maior, 29%, contra 15% entre os que não conhecem seus direitos (não souberam mencionar direitos).

O relato de vivência de situação de desrespeito também é maior quanto maior é a escolaridade — reforçando a tese da subnotificação devido ao desconhecimento de direitos.

A declaração da experiência de situação de desrespeito aos direitos também foi maior na Fazendinha, comparada ao Cantagalo e ao Vidigal. Cabe lembrar que, na rodada passada, a proporção dos que declararam vivência de situação de desrespeito foi um pouco maior: 24% no total.

Em média, as pessoas que vivenciaram situações de desrespeito no último ano citam três situações, sendo que no Cantagalo essa média é ainda maior: cinco. E quanto maior a escolaridade, maior a quantidade de situações percebidas como desrespeito.

Gráfico 2 | Moradores que declararam ter vivenciado situação de desrespeito a algum de seus direitos nos últimos 12 meses anteriores à pesquisa (%)

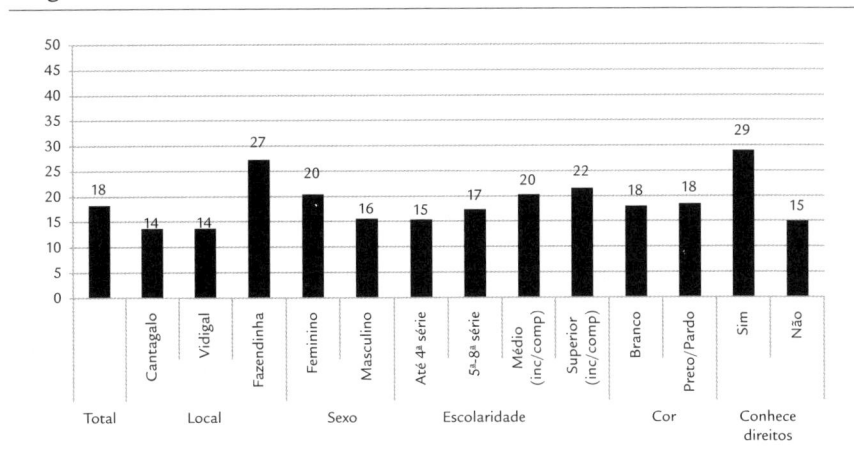

Base: 1.220 entrevistas.

Gráfico 3 | Quantidade média e mediana de situações que vivenciou nos últimos 12 meses

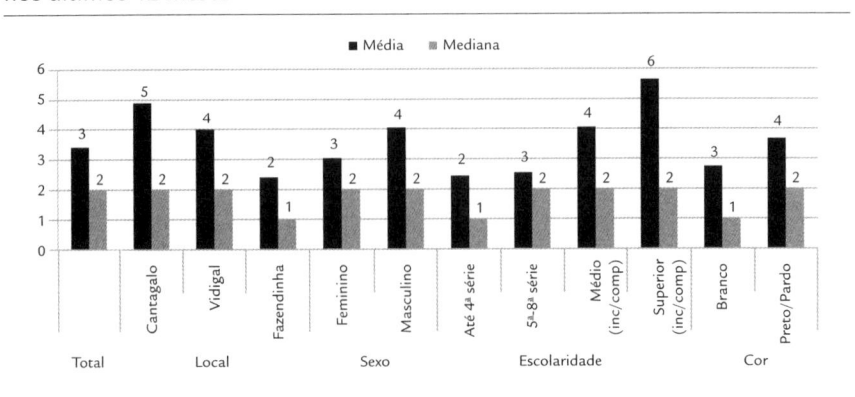

Base: 223 entrevistados que declararam ter vivenciado situação de desrespeito aos direitos.

Em termos do tipo de situação de desrespeito, o mais frequente continua sendo problema com a polícia (como revista pessoal ou no domicílio, agressão etc.). É curioso notar que as situações de conflito com a polícia não aumentaram no Vidigal — tanto antes quanto depois da UPP, a proporção dos que declaram ter vivenciado algum problema com a polícia permanece próxima. Isso se deve, em parte, ao fato de o processo de ocupação e instalação da UPP no Vidigal ter sido mais tranquilo, comparativamente à Fazendinha, no Complexo do Alemão, por exemplo, onde 23% dos moradores que vivenciaram desrespeito aos seus direitos mencionaram situação com a polícia.

Em segundo lugar estão as questões de consumo (como cobrança indevida, especialmente dos serviços regularizados, como luz, prestação do serviço de telefonia, troca de produtos que apresentam defeito, recusa na entrega etc.). Sua maior frequência se deve também à maior inserção desses moradores no mercado de consumo e à oferta maior de serviços e produtos que ocorreu com a pacificação. Destacam-se os serviços de telefonia e internet, comércio de eletroeletrônicos e também de materiais de construção.

O desrespeito aos direitos civis vem em terceiro lugar (como discriminação, acuamento etc.). Em quarto, aparecem situações de desrespeito envolvendo o poder público, dizendo respeito, sobretudo, às obras de urbanização conduzidas pelos entes governamentais e remoções de moradia devido às obras do PAC.

Gráfico 4 | Tipo de situação de desrespeito aos direitos vivenciada, de acordo com local (%)

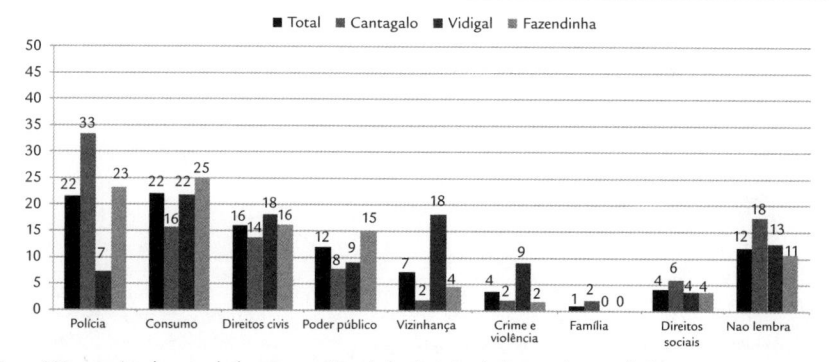

| Categoria | Total | Cantagalo | Vidigal | Fazendinha |
|---|---|---|---|---|
| Polícia | 22 | 33 | 7 | 23 |
| Consumo | 22 | 22 | 25 | 16 |
| Direitos civis | 16 | 14 | 16 | 18 |
| Poder público | 12 | 8 | 9 | 15 |
| Vizinhança | 7 | 2 | 18 | 4 |
| Crime e violência | 4 | 2 | 2 | 9 |
| Família | 1 | 2 | 0 | 0 |
| Direitos sociais | 4 | 6 | 4 | 4 |
| Nao lembra | 12 | 18 | 13 | 11 |

Base: 223 entrevistados que declararam ter vivenciado situação de desrespeito aos direitos.

E apenas em quinto lugar estão situações de vizinhança (problemas de reforma, invasão de terreno, barulho e demais situações envolvendo o uso do espaço), que na rodada passada eram as segundas mais mencionadas.

Não podemos ignorar aqui a diferença na condução das entrevistas entre as rodadas, que em 2011 foi feita por entrevistadores externos às favelas, contratados via empresa de pesquisa de mercado, e em 2013 foi feita por moradores dessas favelas que trabalharam na aplicação do Censo 2010. Ainda que tenha havido o cuidado da alocação dos entrevistadores nas diversas áreas das comunidades (evitando que o morador entrevistasse as pessoas próximas à sua região de moradia), por serem áreas relativamente pequenas, especialmente no Cantagalo, há uma possibilidade de viés nesse tipo de questão (conforme discutido na nota metodológica na apresentação do livro).[15]

No caso do Cantagalo, em 2011, 16% dos moradores que relataram desrespeito citaram situações entre vizinhos, e em 2013 essa proporção caiu para 2%. No Vidigal, a proporção permanece a mesma. Já na Fazendinha, a pouca frequência de conflitos de vizinhança se deve também à forma de ocupação do espaço e ao tipo de construção das moradias, que não são tão próximas como no Cantagalo e no Vidigal, nem há a disseminação do hábito de venda ou aluguel de lajes, como nas outras duas favelas. "Questão de conflito com vizinho por causa de reforma tem muito pouco. Porque as casas aqui, a maioria são individuais, não é uma encostada na outra, o quintal é grande", comenta o presidente de uma das associações de moradores entrevistado.

Em sexto lugar estão as situações ligadas ao "crime e violência", referentes a casos de roubo, furto, agressão por terceiros, sendo um pouco mais expressivas no Vidigal. Em "família" classificamos brigas e disputas relativas a imóveis e ocupação do espaço. E na categoria "direitos sociais" reunimos menções relativas às temáticas do trabalho, saúde, acesso à educação, entre outros direitos sociais.

---

[15] Outra ressalva importante diz respeito ao perfil dos entrevistadores. Notamos, durante o trabalho de campo, que quando se tratava de pesquisador do sexo masculino, havia uma recusa maior de mulheres em responder às perguntas e mesmo em aceitar participar da pesquisa. Assim, decidimos substituí-los por entrevistadoras. Esse problema foi detectado logo no início da pesquisa na favela do Cantagalo. Assim, nas demais favelas estudadas, já iniciamos o trabalho de campo apenas com entrevistadoras.

Aos que declararam ter passado por alguma situação, perguntamos: "E o(a) senhor(a) fez alguma coisa ou procurou alguém para solucionar este problema ou deixou pra lá?"

É grande a proporção de moradores que enfrentaram uma situação de desrespeito e não adotaram nenhuma ação: 57% na Fazendinha, 46% no Cantagalo e 44% no Vidigal declararam que "deixaram pra lá".

A inação não é característica exclusiva dos moradores dessas favelas, nem mesmo dos brasileiros. Herbert Kritzer[16] faz um levantamento das pesquisas sobre as chances de as pessoas que enfrentam problemas passíveis de judicialização buscarem reparação, indicando que a conclusão desses estudos é de que são poucas as pessoas que de fato buscam reparação formal dos conflitos vividos. E o autor aponta ainda que, apesar de renda ser uma variável explicativa, ela não é a principal preditora da busca por soluções, especialmente da busca pela justiça, tendo o tipo de questão ou a natureza da disputa um poder explicativo maior.

Aqui precisamos também considerar o conhecimento e confiança dos moradores nas instituições. Como vimos, quase metade dos entrevistados não soube mencionar uma instituição ou agente a que pudesse recorrer em busca da defesa de um direito. E entre os que souberam mencionar, as mais citadas foram a UPP/polícia, Defensoria Pública, Procon e Judiciário.[17] E quando estimulamos a pensarem o quanto confiam em algumas instituições, as que obtiveram maior confiança foram a Defensoria Pública (54% declararam confiar, apesar de apenas 38% conhecerem), o Procon (53% declararam confiar, e 42%, conhecer) e o Judiciário (45% declararam confiar, e 33%, conhecer).[18]

---

[16] KRITZER, Herbert M. To lawyer, or not to lawyer, is that the question? *Journal of Empirical Legal Studies*, Malden, MA, v. 5, n. 4, p. 875-906, 2008.
[17] Ver gráfico 3 do capítulo 3.
[18] Ver quadro 5 do capítulo 3.

## Gráfico 5 | O que fizeram para resolver o problema (%)

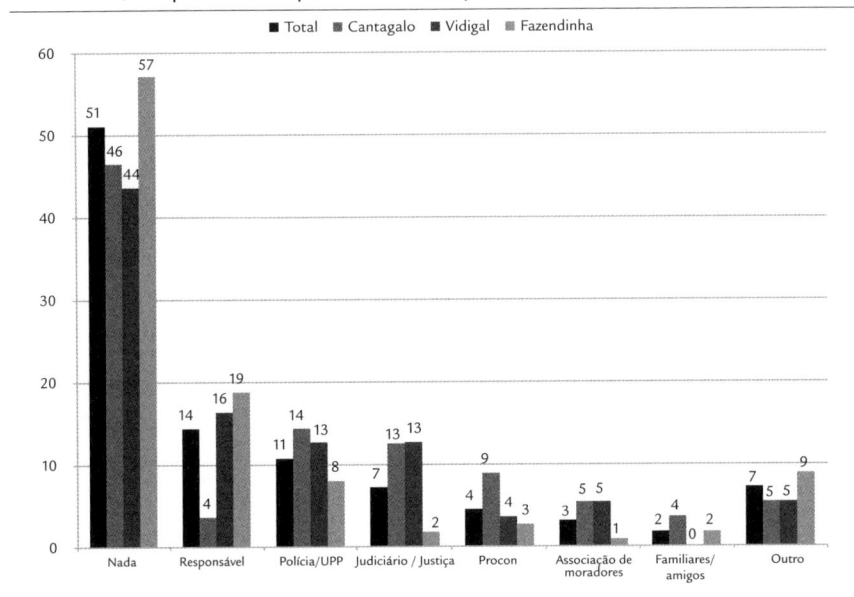

■ Total   ■ Cantagalo   ■ Vidigal   ■ Fazendinha

| | Nada | Responsável | Polícia/UPP | Judiciário / Justiça | Procon | Associação de moradores | Familiares/ amigos | Outro |
|---|---|---|---|---|---|---|---|---|
| Total | 51 | 14 | 11 | 7 | 4 | 3 | 2 | 7 |
| Cantagalo | 46 | 4 | 14 | 13 | 4 | 9 | 4 | 5 |
| Vidigal | 44 | 16 | 13 | 13 | 3 | 5 | 0 | 5 |
| Fazendinha | 57 | 19 | 8 | 2 | — | 1 | 2 | 9 |

Base: 223 entrevistados que declararam ter vivenciado situação de desrespeito aos direitos.

## Quadro 1 | O que fizeram para resolver o problema, por área de conflito (%)

| | Nada | Responsável | Procon | Judiciário/ Justiça | Familiares/ amigos | Associação moradores | UPP | Outro |
|---|---|---|---|---|---|---|---|---|
| Direitos civis | 71 | 11 | – | 11 | – | – | 6 | – |
| Polícia | 66 | – | – | 2 | – | – | 18 | 4 |
| Crime e violência | 50 | – | – | – | – | – | 38 | 13 |
| Poder público | 50 | 15 | 4 | 8 | 8 | 4 | - | 12 |
| Vizinhança | 44 | 13 | – | – | – | 25 | 13 | 6 |
| Consumo | 25 | 35 | 10 | 15 | – | – | 2 | 13 |
| Família | – | – | -- | – | – | 100 | – | – |
| Direitos sociais | 22 | 11 | 11 | 11 | 22 | 11 | 11 | – |

Base: 223 entrevistados que declararam ter vivenciado situação de desrespeito aos direitos.

As duas opções mais recorrentes de quem procura solução são buscar o responsável pelo dano ou desrespeito e procurar a UPP.

As situações que os moradores mais "deixaram pra lá" são as relativas aos direitos civis e aos conflitos com a polícia — assim como na primeira rodada da pesquisa. E as que mais procuraram solucionar são as relativas a família, consumo e vizinhança.

O recurso ao Judiciário é mais comum nos casos de consumo, direitos civis e direitos sociais (casos de saúde). Os casos de família relatados, como se deviam a imóveis, foram administrados junto às associações de moradores.

O recurso à família e aos amigos se dá, sobretudo, no caso de necessidades ligadas a educação, saúde e trabalho. E temos também nos casos de consumo, com destaque, o Procon.

Na categoria "outro" classificamos as menções a ONGs, Igreja, Ministério Público, muito pouco citados, e à Defensoria Pública, procurada, sobretudo, em casos de crime e violência, consumo e problemas com o poder público.

O recurso às UPPs nos casos não referentes a situações de crime e violência se deve, em grande parte, à existência da mediação policial.[19]

Conversamos com policiais mediadores nessas favelas para entender mais sobre esse trabalho da UPP. Os projetos de mediação são feitos em parceria com o Tribunal de Justiça e o Ministério Público do Estado do Rio de Janeiro. Há um treinamento de policiais que passam a atuar nessas favelas como mediadores.

Quando conduzimos as entrevistas (início de 2013), os projetos eram relativamente recentes, tendo seis meses de implementação na Fazendinha e no Vidigal, e pouco mais de um ano no Cantagalo.

---

[19] O programa de mediação nas UPPs foi criado em 2012, numa parceria entre o Tribunal de Justiça e a Polícia Militar do Rio de Janeiro. Lemos, no sítio das UPPs, que, "a partir de dezembro [de 2012], dois PMs de cada UPP foram treinados para a função e começaram a atender os moradores. De acordo com a situação, os casos foram sendo encaminhados para o núcleo do MP instalado na Coordenadoria de Polícia Pacificadora (CPP). A corporação foi capacitada pelo Tribunal de Justiça do Rio, sob a coordenação do setor de ensino e pesquisa da CPP. A ação já atendeu cerca de 170 moradores de comunidades que estão sendo pacificadas. Os principais casos são desavenças entre vizinhos, conflitos nos ambientes escolar e familiar, além de ações da esfera do Juizado Especial Criminal, como violência doméstica, infância e adolescência, entre outros". Disponível em: <www.upprj.com/index.php/acontece/acontece-selecionado/mp-faz-parceria-com-upp-para-mediacaeo--de-conflitos-em-comunidades/Rocinha>. Acesso em: 11 fev. 2014.

O recurso à mediação das UPPs funciona a partir da procura dos moradores que levam seus conflitos às unidades, e também a partir do encaminhamento dos próprios policiais em ocorrências nessas favelas. Os entrevistados nas UPPs foram unânimes em afirmar que a maioria das ocorrências que eles atendem é de natureza assistencial.

> Por exemplo, no caso de uma criança que não está indo na escola, mas porque o pai é viciado em drogas, então a gente faz este direcionamento, leva para o Conselho Tutelar a mãe, a gente tenta arrumar uma clínica de reabilitação para o pai, a mãe foi agredida, não é só pegar o cara que bateu e apreender, a mãe precisa de um tratamento psicológico, o filho precisa ser reintegrado no núcleo de convívio, na escola, seja lá onde participa. Inclusive, até a mediação e os projetos sociais da gente trabalham em conjunto [...]. A gente viu que não tinha como ser só mediador. Porque as demandas de mediação são muito específicas, são casos que não envolvem violência, que não envolvem nenhuma espécie de delito, ou até que não envolva a criança propriamente em si, porque ela é incapaz de responder e de visualizar todo o aspecto. A maioria das relações não são de mediação, são de conflito [Upp, Fazendinha].

> É mais "conflitozinhos" mesmo, briga de construção de casa, ah você construiu do meu lado, a tua casa está encostando na minha, pode dar infiltração, entendeu? Situação também de inquilinato, eu aluguei a casa para ele, mas já venceu o contrato e não sai, já tem mais de um ano ele não quer sair, esses conflitos assim, rixa [UPP, Vidigal].

> Aqui, em específico hoje, muita coisa com relação à família. Agora mesmo eu estava atendendo um conflito familiar com relação à herança, mesmo que aqui os imóveis sejam posse, mas morreu o pai, morreu a mãe gera transtorno. Obra do PAC tem inúmeras ocorrências aqui com relação a isso aqui, porque às vezes a pessoa tem um terreno e sobra um pedaço ali, que sabe que a obra do PAC vai passar e começa a querer construir de qualquer jeito, só que tem que ter um padrão, o PAC só paga se aquela obra for constatada como uma casa, então os caras fazem um

cômodo lá e acham que têm direito a receber a indenização, aí tem que ser feito essa mediação, a obra do PAC é campeã de recorde de problemas aqui por parte de mediação [UPP, Cantagalo].

A média declarada de atendimentos de mediação nessas UPPs foi de 12 casos por semana na Fazendinha, três casos por semana no Cantagalo e dois casos por semana no Vidigal.

Na Fazendinha, além do projeto de mediação da UPP, há outras formas de conseguir orientação e atendimento judicial. Em parceria com o Ministério da Justiça (via Pronasci), há a Justiça Comunitária, que atua na formação de mediadores comunitários, e fica localizada em um prédio de referência no complexo, na antiga fábrica da Coca-Cola.

Há também o projeto "Justiça Aqui", que presta serviços jurídicos e fornece orientação para solução de conflitos (através de mediação e conciliação). Entre os serviços oferecidos estão acesso a documentos (como certidão de nascimento, RG e título eleitoral), acesso aos serviços da Defensoria Pública e do Conselho Tutelar. Esse serviço fica também em um ponto de referência do complexo, ao lado do colégio Tim Lopes.

> Tenho muito aqui problemas com Light, problema com Cedae, problemas com bancos. E a gente tenta resolver esses problemas, seja por ofício, seja por ajuizamento de ação judicial para resolver efetivamente esses problemas que afetam essas pessoas. Outras questões que tem muito aqui, principalmente depois da entrada da UPP, são imóveis, que valorizaram demais aqui, valorizaram muito. Então muitas pessoas têm interesse agora nesses bens [Justiça Aqui, Complexo do Alemão].

O ônibus da "Justiça Itinerante" também está presente ali, às sextas-feiras, ao lado do colégio Tim Lopes, fazendo o atendimento aos moradores. Os casos mais comuns de conciliação ali são com empresas, referentes a cobranças por serviços e produtos com defeito, segundo moradores e outros entrevistados.

O Cantagalo, por sua vez, conta, além da mediação da UPP, com o atendimento do Juizado Especial Cível de Copacabana, que fica bem próximo ao metrô, sendo possível chegar até lá em poucos minutos, descendo pelo elevador da estação Cantagalo e caminhando até a rua Siqueira Campos.

No Vidigal, há atendimento de uma ONG especializada em casos de família: a Genos, que atende também casos de consumo. Mas quando os moradores chegam com outros problemas — criminais ou trabalhistas, por exemplo — é feito o encaminhamento para outros lugares, especialmente para a Defensoria Pública. Instalada há nove anos na favela, a ONG já atuou em cerca de 650 casos.

> Os conflitos mais comuns são os de abandono. Tem muito direito de alimentos, ação alimentar, investigação de paternidade, muita separação, muito divórcio. Adoção, guarda, visitação e um movimento que está acontecendo, que pra mim está sendo maravilhoso, é que os homens estão me procurando. Inicialmente, eram essencialmente mulheres. Mulheres jovens, com muitos filhos, e abandono, aquelas mesmas questões. Eu tenho muitos clientes masculinos, que procuram lá e dizem: "Doutora, o que eu tenho que fazer? Me separei, o que eu tenho que pagar? Eu quero visitar. Eu quero investigar" [ONG, Vidigal].

Ao perguntarmos acerca de conflitos de vizinhança, sobretudo os relativos à ocupação do espaço, como reformas, compra e venda de imóveis, entre outros, os entrevistados do Vidigal comentam que, antes da chegada da UPP, essas temáticas eram resolvidas pelo tráfico. E agora são levadas para a associação de moradores e também para a própria UPP.

> Eles exercem um controle na comunidade que era, por exemplo, coisas básicas, problemas de vizinhança, por exemplo. Nunca, antes da UPP, você poderia questionar aqui questão imobiliária, despejo, reintegração de posse, nada neste sentido, porque tudo era resolvido pela liderança do morro [ONG, Vidigal].

Gráfico 6 | Eficácia dos meios buscados para solução do conflito (problema foi resolvido?) (%)

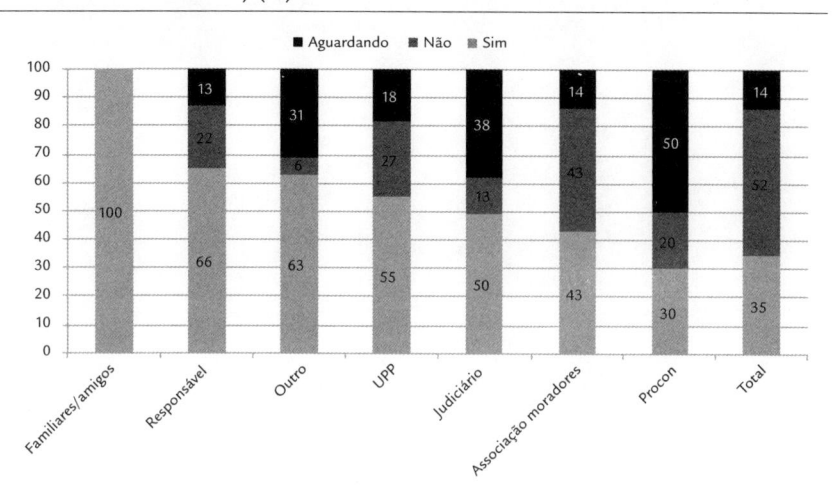

| | Aguardando | Não | Sim |
|---|---|---|---|
| Familiares/amigos | | | 100 |
| Responsável | 66 | 22 | 13 |
| Outro | 63 | 6 | 31 |
| UPP | 55 | 27 | 18 |
| Judiciário | 50 | 13 | 38 |
| Associação moradores | 43 | 43 | 14 |
| Procon | 30 | 20 | 50 |
| Total | 35 | 52 | 14 |

Base: 109 entrevistados que declararam ter vivenciado situação de desrespeito aos direitos e buscaram solução.

A atuação de ONGs, como a Genos, e das UPPs na solução de conflitos recebe boa avaliação entre os moradores, que atestam sua eficácia. Como podemos ver no gráfico 6, os recursos tidos como mais eficazes são, em primeiro lugar, parentes e amigos, depois procurar o próprio responsável pelo desrespeito, em terceiro lugar, as ONGs, Defensoria Pública e igrejas, em quarto a polícia (UPP) e, em quinto lugar, o Judiciário. Os recursos à associação de moradores e ao Procon são vistos como menos eficazes.

Interessava-nos saber o porquê de aqueles que vivenciaram situações de desrespeito não terem acionado o Judiciário em busca de reparação. Quase um terço dos entrevistados disse não ter buscado o Judiciário por desconhecimento, medo ou vergonha; 23% por ver problemas estruturais no acesso à Justiça (seja a demora ou o custo); 22% disseram que não foi preciso, pois solucionaram por outros meios; os 12% classificados na categoria "outro" referem-se principalmente à relação custo × benefício, ou seja, quando o dano é pequeno o custo de ir à Justiça não compensa, e também houve menções à falta de tempo. Outros 12% não souberam dizer o motivo da não procura.

## Quadro 2 | Motivo de não ter procurado o Judiciário

| | Total | Local | | | Sexo | | Escolaridade | | | | Cor | |
|---|---|---|---|---|---|---|---|---|---|---|---|---|
| | | Cantagalo | Vidigal | Fazendinha | Fem | Masc | Até 4ª | 5ª-8ª | Média | Superior | Branco | Preto/pardo |
| Não foi preciso | 22 | 4 | 24 | 29 | 20 | 24 | 15 | 23 | 22 | 38 | 29 | 19 |
| Demora | 21 | 33 | 16 | 19 | 22 | 21 | 22 | 27 | 18 | 19 | 21 | 22 |
| Não sabe como usar | 12 | 10 | 6 | 16 | 14 | 10 | 28 | 15 | 5 | 0 | 9 | 13 |
| Não sabia que poderia | 8 | 18 | 2 | 5 | 11 | 3 | 4 | 3 | 13 | 6 | 3 | 9 |
| Medo | 7 | 2 | 0 | 13 | 6 | 9 | 9 | 5 | 9 | 0 | 10 | 6 |
| Vergonha | 3 | 4 | 0 | 4 | 3 | 3 | 2 | 2 | 5 | 0 | 2 | 3 |
| Custo | 2 | 2 | 6 | 1 | 2 | 3 | 0 | 3 | 2 | 6 | 2 | 3 |
| Outro | 12 | 16 | 24 | 5 | 11 | 15 | 9 | 17 | 10 | 19 | 19 | 10 |
| Não soube dizer | 12 | 10 | 24 | 7 | 11 | 13 | 11 | 5 | 17 | 13 | 5 | 15 |

Base: 210 entrevistados que declararam ter vivenciado situação de desrespeito aos direitos mas não procuraram o Judiciário.

Notamos, no caso do Vidigal, um leve aumento no recurso ao Judiciário entre as duas rodadas da pesquisa, mas é difícil relacionar esse fato ao efeito da pacificação, embora seja uma hipótese plausível.

Com base no pressuposto de que muitas vezes as pessoas não percebem que tiveram um direito desrespeitado por desconhecerem seus direitos, replicamos situações de conflito encontradas na primeira rodada da pesquisa (via entrevistas qualitativas, grupos focais e *survey*) e indagamos aos moradores se vivenciaram situações desse tipo nos últimos 12 meses. Entre esses entrevistados, apenas 18% declararam espontaneamente ter tido um direito desrespeitado nos últimos 12 meses, enquanto chegam a 61% os moradores que já passaram por pelo menos uma situação de potencial conflito.

O mais expressivo na atual rodada da pesquisa foi necessitar e não conseguir tratamento médico gratuito, seja uma consulta, um exame ou um medicamento. Essa expressividade se deve, sobretudo, à inclusão da Fazendinha na pesquisa, onde metade dos moradores já passou por esse tipo de problema. No Vidigal foram 17% dos moradores — percentual próximo ao verificado na primeira rodada da pesquisa, o que implica dizer que, num intervalo de quase dois anos, a situação na localidade não melhorou.

Já no Cantagalo, houve uma redução, de 19% em 2011 para 8% em 2013, de moradores que enfrentaram dificuldades na busca por tratamento médico gratuito.

Os conflitos de vizinhança aparecem em segundo lugar, seja por causa de barulho excessivo, obras ou reformas que danificaram o imóvel ou o descarte de lixo.

Em terceiro lugar estão casos de roubo ou furto, que aumentaram significativamente no Vidigal entre as duas rodadas da pesquisa — o que pode ser lido como um dos efeitos negativos da "pacificação", em consonância com o verificado por Ignacio Cano,[20] comparando favelas antes e depois das UPPs.[21]

Problemas ligados à área dos direitos do consumidor, como recusa na entrega do produto devido à localização da residência e dificuldade para efetuar a troca de produto com defeito, mantiveram-se com a mesma proporção de ocorrência.

Já a dificuldade de comprovação de endereço reduziu-se bastante, tanto no Cantagalo quanto no Vidigal, o que pode ser lido como um dos efeitos positivos da regularização que vem com a UPP.

Os casos de pensão alimentícia e guarda de filhos correspondem ao tipo de conflito familiar mais relatado nessas favelas, com 10% dos entrevistados tendo vivenciado algum tipo de conflito nessa área.

Problemas de substituição de práticas informais no acesso aos serviços têm sido diagnosticados por diversos pesquisadores como reflexo do processo de regularização urbanística.[22] Aqui notamos que problemas como a cobrança de luz começam a diminuir no Cantagalo, no sentido de adaptação da população a essa realidade. Já no Vidigal, que estava no início do processo de regulari-

---

[20] CANO, Ignacio et al. (Coord.). *Os donos do morro*: uma avaliação exploratória do impacto das unidades de polícia pacificadora (UPPs) no Rio de Janeiro. Rio de Janeiro: Fórum Brasileiro de Segurança Pública, 2012. Disponível em: <http://riorealblog.files.wordpress.com/2012/07/relatc-3b3riofinalcaf13.pdf>. Acesso em: 20 dez. 2013.

[21] Note-se que a opção por juntar roubo e furto deve-se à dificuldade dos entrevistados em diferenciar com precisão os dois eventos.

[22] Sobre o assunto, ver CUNHA, Neiva Vieira da; MELLO, Marco Antonio da Silva. Novos conflitos na cidade: a UPP e o processo de urbanização na favela. *Dilemas*, Rio de Janeiro, v. 4, n. 3, p. 371-401, 2011.

zação, essas reclamações aumentaram. Na Fazendinha, esse problema aparece bastante nas entrevistas qualitativas, mas no *survey* foi menos expressivo, atingindo 9% dos entrevistados.

Relatos de agressão por terceiros, investigação de paternidade e direitos trabalhistas aparecem relativamente no mesmo patamar.

Problemas na separação ou divórcio e violência doméstica aparecem em menor proporção (não podemos ignorar a possibilidade, já aventada, do viés do modo de aplicação das entrevistas).

Quadro 3 | Percentual de entrevistados que vivenciaram situação de desrespeito a direitos, por localidade

|  | Total | Cantagalo | Vidigal | Fazendinha |
|---|---|---|---|---|
| Tratamento médico (remédios, exames, consultas) | 26 | 8 | 17 | 53 |
| Vizinhança (barulho) | 19 | 5 | 25 | 27 |
| Vizinhança (obra) | 15 | 10 | 13 | 20 |
| Vizinhança (lixo) | 14 | 13 | 15 | 13 |
| Furto/roubo | 14 | 11 | 13 | 16 |
| Recusa entrega produto (por causa do endereço) | 14 | 6 | 18 | 16 |
| Comprovação endereço | 13 | 6 | 3 | 29 |
| Produto com defeito (troca) | 11 | 8 | 11 | 15 |
| Pensão alimentícia/guarda filhos | 10 | 5 | 11 | 13 |
| Cobrança indevida de luz | 9 | 14 | 5 | 9 |
| Agressão (que não da polícia) | 8 | 8 | 5 | 11 |
| Direitos trabalhistas (demissão) | 6 | 3 | 5 | 10 |
| Divórcio | 6 | 5 | 4 | 9 |
| Agressão (polícia) | 5 | 7 | 2 | 6 |
| Violência doméstica | 3 | 4 | 2 | 3 |
| Investigação de paternidade | 1 | 1 | 2 | 1 |

Base: 1.220 entrevistas.

Àqueles que declararam ter passado por situações de desrespeito a direitos, perguntamos se fizeram algo ou procuraram alguém para solucionar a questão ou se "deixaram pra lá". Nos casos de agressão ou furto, mais de 60% dos entrevistados que passaram por essa situação não adotaram nenhuma ação, e entre aqueles que fizeram algo, a polícia ou a UPP foi a mais procurada, sendo que, no caso específico de agressão de terceiros, a procura pelo agressor foi a mais comum.

Outro tipo de situação em relação à qual as pessoas pouco reagem é a perda de emprego sem o recebimento dos valores devidos pelo empregador. Isso porque, na maior parte das vezes, os arranjos são informais. Nos casos em que há formalidade, os trabalhadores tendem a procurar o Judiciário ou o sindicato (este classificado em outros).

Problemas com vizinhos por causa do lixo também costumam ser ignorados e, quando não, os moradores tentam resolver entre si, ou com o recurso à associação de moradores em alguns poucos casos.

Quanto aos problemas de direito do consumidor, os moradores tendem a resolver diretamente com as empresas, seja nas próprias lojas, seja nas ouvidorias ou SACs (serviços de atendimento ao consumidor), ou ainda nas agências reguladoras, no caso de serviços prestados por concessionárias de serviços públicos, como energia elétrica.

Quadro 4 | O que fez ou a quem recorreu para solucionar problema (%)

| | Nada | Polícia/ UPP | Judiciário/ Justiça | Associação de moradores | Responsável | Procon | Outros |
|---|---|---|---|---|---|---|---|
| Agressão (polícia) | 74 | 18 | 5 | – | – | – | 3 |
| Agressão (terceiros) | 63 | 10 | 3 | – | 16 | – | 7 |
| Furto/roubo | 61 | 27 | – | 1 | 2 | – | 8 |
| Perdeu emprego | 51 | – | 34 | – | – | – | 14 |
| Vizinho (lixo) | 51 | – | – | 6 | 36 | – | 7 |
| Recusa de entrega pela loja | 41 | – | – | 1 | 45 | 4 | 10 |
| Vizinho (barulho) | 38 | 11 | – | 0 | 48 | – | 3 |

▼

| | Nada | Polícia/ UPP | Judiciário/ Justiça | Associação de moradores | Responsável | Procon | Outros |
|---|---|---|---|---|---|---|---|
| Vizinho (obra) | 37 | 1 | – | 8 | 51 | – | 3 |
| Violência doméstica | 32 | 21 | 11 | – | 5 | – | 32 |
| Cobrança de luz indevida | 30 | 1 | 1 | 5 | 46 | 1 | 17 |
| Produto com defeito | 24 | – | 7 | 1 | 57 | 8 | 2 |
| Comprovação endereço | 19 | – | 1 | 55 | 12 | – | 14 |
| Tratamento médico | 18 | 2 | – | 0 | 20 | – | 60 |
| Pensão alimentícia | 12 | 1 | 37 | – | 42 | – | 7 |
| Divórcio | 11 | 0 | 18 | – | 34 | – | 37 |
| Investigação de paternidade | 7 | 0 | 50 | – | 36 | – | 7 |

Base: 745 entrevistados que declararam ter vivenciado alguma das situações.

Na comprovação de endereço, o principal recurso é a associação de moradores. No caso de violência doméstica as pessoas buscam a Defensoria Pública e ONGs[23] (ambas classificadas em "outros") e nas situações de tratamento médico, muitas optam por buscar a rede privada quando têm condições, recorrendo a familiares e amigos para efetuar o pagamento.

Notamos que o recurso à polícia em geral aumentou no Vidigal após a vinda da UPP, sendo ela a opção mais frequente em casos de situações de roubos e furtos ou violência doméstica. Já a busca pelo Judiciário é bastante frequente em casos trabalhistas e de família.

Note que classificamos em "outros" as menções à Defensoria Pública e ao Ministério Público, classificando como Judiciário as menções genéricas à Justiça (embora saibamos que há, entre aqueles que se referem à Justiça, confusão entre as instituições).

Na rodada de 2011 da pesquisa, havia muitas menções genéricas à justiça, e nas entrevistas qualitativas, quando perguntávamos a que justiça se referiam,

---

[23] Optamos por classificar a Defensoria Pública junto com ONGs e não com o Judiciário porque muitas vezes os moradores procuram as ONGs que os encaminham para a Defensoria.

muitas vezes falavam que era a Defensoria Pública, o Ministério Público e mesmo a polícia. No *survey* de 2011, também identificamos a confusão entre as instituições de justiça quando indagamos acerca do uso do Judiciário. Ao perguntamos aos moradores se já utilizaram o Judiciário como parte ativa, ou seja, se alguma vez já entraram com pedido ou ação na Justiça, 24% dos entrevistados responderam afirmativamente. Quando solicitamos que especificassem o tipo de Justiça que utilizaram, vimos que quase 16% deles se referiam à Defensoria Pública, alguns poucos ao Ministério Público e outros não souberam especificar.

Para tentarmos evitar essa confusão na hora de mensurar o uso do Judiciário, modificamos a pergunta, inserindo uma explicação ao final. Assim, após perguntarmos se "O(a) senhor(a) ou alguém que mora em seu domicílio já utilizou alguma vez o Judiciário ou entrou com alguma ação ou processo na Justiça?", solicitamos que considerassem apenas os casos referentes à formalização de uma ação em um tribunal, juizado, Justiça do Trabalho ou vara da Justiça, não contando os casos referentes à polícia, Ministério Público ou Defensoria Pública, a não ser que tenham ido ao Judiciário através dessas outras instituições. Com isso, a proporção dos que declararam já ter utilizado os serviços do Judiciário reduziu-se para 15%, sendo um pouco mais alta no Vidigal do que nas duas outras favelas — o que se deve também ao maior nível de escolaridade dos moradores dessa localidade.

Metade dos que foram ao Judiciário o fez uma única vez, mas a média de ações na Justiça entre os moradores é de duas.

A maioria dos processos é recente, datando de 2009 em diante (67% dos casos). E os motivos que mais levaram os moradores dessas favelas ao Judiciário são família, trabalho e consumo — os mesmos motivos identificados nas pesquisas de âmbito nacional.[24]

Na sequência estão os casos de crime e violência (agressão, bala perdida etc.), com maior expressividade no Cantagalo. Depois, os casos de ameaça aos direitos civis (liberdade de expressão e liberdade de ir e vir etc.). Há também

---

[24] INSTITUTO BRASILEIRO DE GEOGRAFIA E ESTATÍSTICA (IBGE). *Pesquisa Nacional por Amostra de Domicílios (Pnad)*, 2009, op. cit.; INSTITUTO DE PESQUISA ECONÔMICA E APLICADA (IPEA). *Indicadores socioeconômicos e a litigiosidade*, 2009, op. cit.; CUNHA, Luciana Gross et al., 2013, op. cit.

algumas menções a problemas com a polícia, ligados a assassinato de morador ou auto de resistência. E bem menos expressivos são os problemas com o poder público, referentes a remoção e consequente indenização.

Gráfico 7 | Moradores que declararam já ter utilizado o Judiciário alguma vez na vida (%)

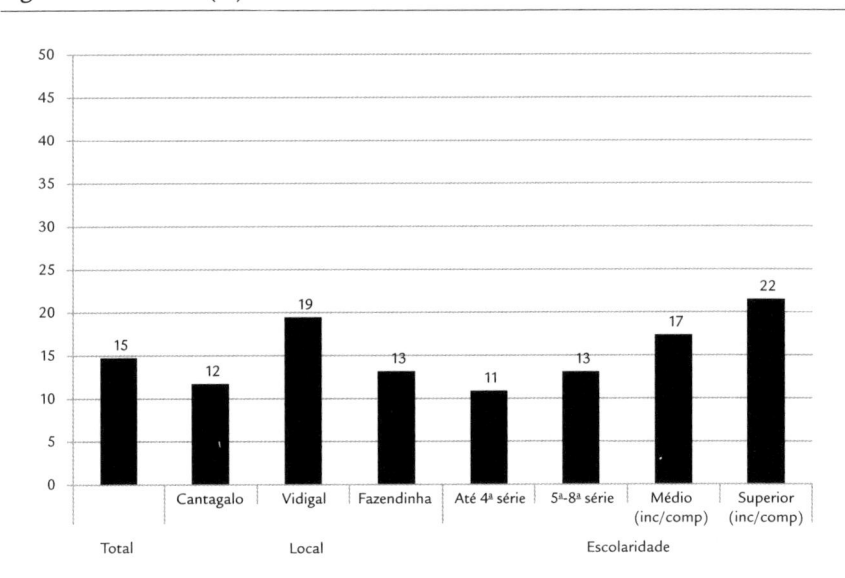

| | Total | Local | | | Escolaridade | | | |
|---|---|---|---|---|---|---|---|---|
| | | Cantagalo | Vidigal | Fazendinha | Até 4ª série | 5ª-8ª série | Médio (inc/comp) | Superior (inc/comp) |
| % | 15 | 12 | 19 | 13 | 11 | 13 | 17 | 22 |

Base: 1.220 entrevistas.

Relembramos aqui o trabalho que Moreira e Cittadino[25] fizeram acerca do mapeamento da utilização do Judiciário pelos moradores das favelas, no período de 1980 a 2009. Partindo do argumento de Boaventura de Sousa Santos[26] de que a ampliação e positivação de direitos na Constituição de 1988 aumentaria a expectativa dos cidadãos pela sua efetivação e de que a incapacidade do Estado de promovê-los levaria indivíduos e grupos sociais desprivilegiados economicamente cada vez mais aos tribunais para fazer valer esses direitos, as autoras investigaram o acesso dos moradores das favelas cariocas ao Judiciário, a partir do acervo

---

[25] MOREIRA, Rafaela Selem; CITTADINO, Gisele. "Acesso individual e coletivo de moradores de favelas à justiça", 2013, op. cit. p. 33-48.
[26] SANTOS, Boaventura de Sousa. *Para uma revolução democrática da justiça*. 2. ed. São Paulo: Cortez, 2008.

jurisprudencial cível disponível no *website* do Tribunal de Justiça do Estado do Rio de Janeiro (TJRJ). Limpando os dados dos 150 recursos localizados a partir do termo de busca "favela", elas não encontraram casos nos anos de 1980, sendo localizadas 19 ações nos anos 1990 e 58 ações entre 2000 e 2009.

Em termos de temática, as ações dos anos 1990 são, sobretudo, em face do Estado, em razão de não garantir o direito à vida e a integridade física dos moradores, seja pelas obras de urbanização, seja pela violência do tráfico e do confronto com a polícia, ou pelas balas perdidas. Já nos anos 2000, as temáticas se ampliam, havendo mais casos relacionados aos direitos do consumidor, como queixas pela má prestação de serviços de telefonia, luz, gás etc.

Moreira e Cittadino notam, no final do período analisado, um aumento dos casos de família e vizinhança, afirmando que

> os moradores de comunidades faveladas vêm procurando cada vez mais o Judiciário para resolução de conflitos com vizinhos e familiares. Nesse contexto é grande a responsabilidade do Judiciário como poder do Estado e esfera pública capaz de mediar expectativas entre cidadãos e administração pública.[27]

É a judicialização das relações sociais em curso também nas favelas.

Os casos disponíveis no sítio do TJRJ referem-se aos recursos que subiram à segunda instância, portanto esse perfil deve-se multiplicar quando considerados os casos de primeira instância, especialmente nos juizados do centro e das proximidades dessas favelas.

Quadro 5 | Motivo para ter utilizado o Judiciário

|  | Total | Cantagalo | Vidigal | Fazendinha |
|---|---|---|---|---|
| Família | 27 | 15 | 31 | 33 |
| Trabalhista | 27 | 19 | 23 | 39 |
| Consumo | 21 | 25 | 26 | 11 |
| Crime/violência | 6 | 15 | 3 | 4 |

▼

---

[27] MOREIRA, Rafaela Selem; CITTADINO, Gisele. "Acesso individual e coletivo de moradores de favelas à justiça", 2013, op. cit., p. 44.

|  | Total | Cantagalo | Vidigal | Fazendinha |
|---|---|---|---|---|
| Direitos civis | 5 | 6 | 5 | 4 |
| Polícia | 2 | 4 | 1 | 0 |
| Vizinhança | 2 | 0 | 3 | 2 |
| Poder público | 1 | 2 | 1 | 0 |
| Outros | 3 | 2 | 4 | 2 |
| Não lembra | 7 | 13 | 4 | 6 |

Base: 180 entrevistados que utilizaram o Judiciário.

A maioria dos que buscam o Judiciário não vai sozinha, mas sim a partir de advogados, sejam particulares (39%), sejam da Defensoria Pública (30%), e uma minoria com advogados conhecidos ou de ONGs e sindicatos (6%).

A grande maioria dos casos tem um desfecho positivo na visão dos entrevistados, ou seja, eles conseguem ganhar a ação ou fazer um acordo (67%).

Quadro 6 | Forma de utilização do Judiciário (sozinho ou com advogado)

|  | Total | Local | | | Escolaridade | | | |
|---|---|---|---|---|---|---|---|---|
|  |  | Cantagalo | Vidigal | Fazendinha | Até 4ª série | 5ª-8ª série | Média (inc/comp) | Superior (inc/comp) |
| Sozinho | 25 | 29 | 24 | 24 | 27 | 32 | 21 | 24 |
| Advogado particular pago | 39 | 40 | 45 | 28 | 30 | 20 | 50 | 47 |
| Advogado Defensoria Pública | 30 | 20 | 23 | 48 | 39 | 41 | 21 | 24 |
| Advogado conhecido | 1 | 2 | 1 | – | – | – | 3 | – |
| Outro (sindicato, ONG) | 5 | 9 | 7 | – | 3 | 7 | 5 | 6 |

Base: 180 entrevistados que utilizaram o Judiciário.

Quadro 7 | Desfecho do processo

|  | Total | Local | | |
| --- | --- | --- | --- | --- |
|  |  | Cantagalo | Vidigal | Fazendinha |
| Sim, ganhou a ação | 53 | 63 | 55 | 43 |
| Sim, fez um acordo com a outra parte | 14 | 4 | 19 | 17 |
| Perdeu a ação | 4 | 2 | 4 | 6 |
| Ainda não, pois a causa não foi julgada | 28 | 31 | 22 | 35 |

Base: 180 entrevistados que utilizaram o Judiciário

A avaliação do tratamento recebido no Judiciário foi melhor nessa rodada, sendo que a nota média no Cantagalo foi 7,7 (e metade dos entrevistados deu nota igual ou maior que 9). No Vidigal a nota média foi 7,8 (com metade dos entrevistados dando nota maior ou igual a 8). Na Fazendinha a média foi menor, 6,7 (com metade dos entrevistados atribuindo nota igual ou maior que 8).

Gráfico 8 | Avaliação do tratamento recebido no Judiciário (nota de 0-10) (%)

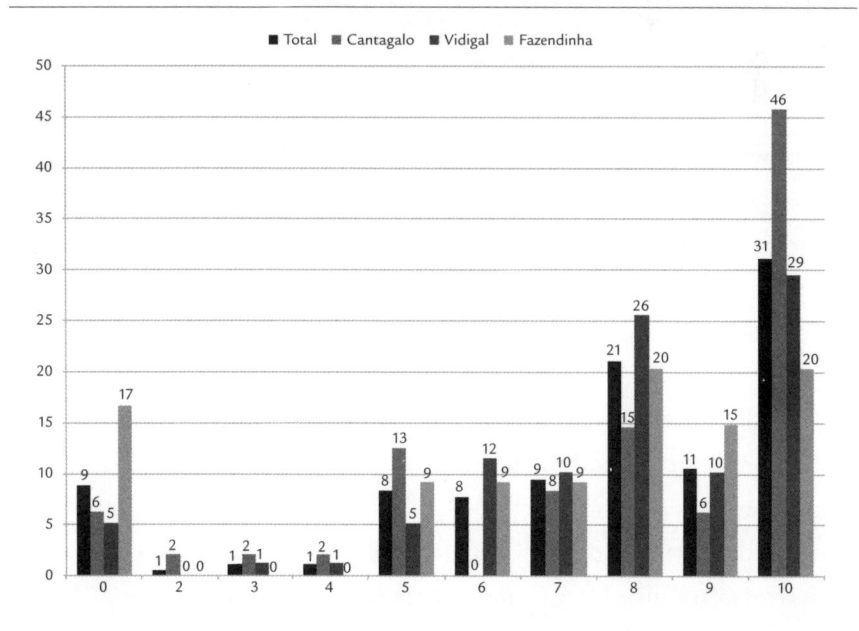

Base: 180 entrevistados que utilizaram o Judiciário.

Àqueles que deram nota igual ou menor que 5, solicitamos que explicassem o porquê da insatisfação com o atendimento recebido. A maioria dos entrevistados atribuiu a insatisfação à demora no julgamento do caso. A insatisfação com o advogado foi citada por 6% dos entrevistados, e outros 6% ficaram insatisfeitos com a forma como foram atendidos no decorrer do processo, especialmente nos pedidos de informação. Uma minoria ficou insatisfeita por julgar o resultado injusto.

Quadro 8 | Justificativa da avaliação ruim do tratamento recebido no Judiciário

|  | Total | Local | | |
|---|---|---|---|---|
|  |  | Cantagalo | Vidigal | Fazendinha |
| Morosidade da Justiça | 69 | 75 | 70 | 64 |
| Problema com advogado | 6 | 0 | 10 | 7 |
| Problema com atendimento | 6 | 0 | 10 | 7 |
| Decisão injusta | 3 | 8 | 0 | 0 |
| Outros | 6 | 0 | 10 | 7 |
| Não sabe | 11 | 17 | 0 | 14 |

Base: 36 entrevistados que deram nota menor ou igual a 5 ao tratamento recebido.

Por fim, perguntamos aos moradores se eles ou alguém no domicílio já foram réus no Judiciário, ou seja, se já responderam a alguma ação ou processo. E fizemos a mesma ressalva mencionada anteriormente, pedindo que considerassem apenas casos em que tenham sido chamados a um tribunal, juizado ou vara da Justiça — não considerando casos apenas de polícia ou demais instituições que não tenham resultado em um processo judicial.

Na rodada passada, quando essa ressalva não foi feita, 13% dos entrevistados responderam afirmativamente à questão. Na rodada de 2013, com a ressalva, foram 5% a responder que são ou já foram réus em um processo judicial, sendo 6% dos entrevistados no Cantagalo e 4% na Fazendinha e no Vidigal.

O motivo que mais levou os moradores do Cantagalo a sentarem no banco dos réus foram casos de furto, roubo ou assalto, e em segundo lugar, casos de agressão. Já no Vidigal, o principal motivo foi pensão alimentícia, seguido de furto, roubo ou assalto. E, na Fazendinha, o tráfico foi o principal motivo, seguido de furto, roubo ou assalto e pensão alimentícia (sendo que quase metade preferiu não declarar o motivo).

Quadro 9 | Motivo de ter sido acionado na Justiça (%)

|  | Total | Local | | |
| --- | --- | --- | --- | --- |
|  |  | Cantagalo | Vidigal | Fazendinha |
| Furto, roubo, assalto | 21 | 26 | 27 | 11 |
| Pensão alimentícia | 14 | 0 | 40 | 11 |
| Tráfico de drogas | 13 | 9 | 7 | 22 |
| Agressão | 11 | 17 | 7 | 6 |
| Desacato à autoridade | 4 | 9 | 0 | 0 |
| Problemas de trânsito | 4 | 4 | 0 | 6 |
| Jogos | 2 | 4 | 0 | 0 |
| Abandono de incapaz | 2 | 0 | 7 | 0 |
| Falso testemunho | 2 | 4 | 0 | 0 |
| Não respondeu | 29 | 26 | 13 | 44 |

Base: 56 entrevistados que declararam ser ou ter sido réus na Justiça.

E sobre os efeitos que a UPP teve em termos de acesso à justiça, por mais que os números efetivos de utilização dos equipamentos não tenham aumentado de forma expressiva, é comum ouvir dos defensores e advogados que atuam nessas favelas que o acesso à Justiça, assim como a realização dela, melhorou, pois a barreira do medo caiu, e os moradores passaram a buscar mais essas instituições, e mais do que isso, a Justiça começou a entrar nas favelas, com os oficiais etc.

> Agora, depois da UPP, eles não ficam mais atrelados àquele medo que eles tinham de procurar os seus direitos fora da comunidade. Eles conseguem agora se deslocar de uma comunidade para outra, tranquilamente. Procurar o aparato do Estado para resolver seus interesses. Porque antes um oficial de justiça não conseguia subir a comunidade. Por mais que eles procurassem a Justiça para resolver aquela situação, era quase impossível. Uma questão de posse, por exemplo. Um imóvel lá no interior

da comunidade. Um oficial de justiça não ia lá no interior para resolver aquilo. Então, hoje em dia isso é possível. Então hoje em dia o acesso aos direitos, o acesso aos órgãos de justiça é facilmente assegurado. Coisa que antes, por mais que eles chegassem a esses órgãos, a efetiva ordem de cumprimento da decisão não poderia ser cumprida de forma fática. Por mais que tivesse uma decisão favorável, para cumprir aquilo, era quase que impossível [Justiça Aqui, Complexo do Alemão].

De vez em quando passavam os soldados do tráfico armados. Com cintos de bala, com fuzis enormes. Em cada canto da comunidade onde você olhava, você tinha um cara com uma pistola enorme, supermoderna. E isso dá uma sensação de insegurança. Os oficiais de justiça não subiam. Ou a gente arranjava um jeito de citar as pessoas embaixo, naquela praça, no Vidigal, ou eles se recusavam, eles tinham documentos dizendo "área de periculosidade, de risco, não tem como entrar". [...] Houve uma aproximação. A Justiça, de pouco, está conseguindo pelo menos na questão do oficial de justiça, está conseguindo entrar. Pelo menos entra [ONG, Vidigal].

Antes, quando acontecia uma briga entre casal, na maioria das vezes resolvia-se na boca de fumo. Tudo era resolvido na boca de fumo. Eu acho que até essa parte deixou os moradores muito leigos de seus direitos. Porque o traficante era o juiz, o advogado, o executor, ele era tudo. Como a gente não podia, se uma mulher fosse agredida pelo esposo, ela não podia ir lá chamar a polícia para vir até a casa dela e prender o esposo. Se uma jovem, ou uma criança fosse molestada por alguém, não podia ir chamar a polícia. Então, resolvia tudo na base do tráfico, mesmo. Eram eles, a ordem quem dava eram eles [associação de moradores, Fazendinha].

Sempre tiveram acesso à justiça. Talvez não na justiça externa, nem na que a gente reconheça, mas a comunidade como um todo [...]. Eu peguei o antes e o depois da UPP, existia uma visão de justiça. Havia uma lei interna, clara, muito objetiva. A justiça paralela [ONG, Vidigal].

## Considerações finais

Ainda que os dados discutidos aqui não permitam afirmações absolutas, algumas conclusões podem ser esboçadas, no sentido de caracterizar demandas por justiça não atendidas.

A primeira delas diz respeito ao expressivo significado do desconhecimento dos direitos. É gritante que apenas 18% dos moradores declarem espontaneamente que sofreram algum desrespeito aos seus direitos no último ano, mas, quando estimulados a reagir a situações específicas, esse percentual salte para 61%. Assim, por exemplo, apenas 4% dos entrevistados disseram, num primeiro momento, ter vivenciado desrespeito a um direito social, seja educação, saúde, moradia ou trabalho. Mas quando perguntados se no último ano enfrentaram algum problema ou dificuldade para conseguir tratamento médico gratuito, 26% responderam afirmativamente.

Outro ponto é a percepção sobre as instituições responsáveis pela administração da justiça e garantia dos direitos. No imaginário dos moradores a referência ao Judiciário engloba as diversas instituições, seja a polícia, a Defensoria Pública, o Ministério Público e o próprio Judiciário. E mais ainda, qualquer espaço público é identificado como espaço de justiça.

Verificamos também que os direitos vistos como os mais ameaçados e, portanto, reclamados pelos moradores, são os relativos à família, ao consumo e ao trabalho. Em contraste, os conflitos com a polícia, as agressões de terceiros, furto e roubo, e a perda de emprego sem o recebimento de direitos, embora sejam mais recorrentes, são os que os moradores menos percebem como direitos e, em consequência, são os menos reclamados.

Nesse contexto, uma questão relevante são os impactos da presença das UPPs nas favelas, no que diz respeito ao conhecimento e garantia de direitos. Embora sejam inegáveis as conquistas da pacificação relativas à recuperação do território e garantia de direitos civis mais básicos, como a liberdade de ir e vir, não foi possível constatar um efeito direto das UPPs no crescimento da percepção sobre os direitos. O grau de desconhecimento dos direitos e das instituições responsáveis por sua garantia continua acentuado. Por outro lado, na percepção de juízes, promotores, defensores e advogados, é recorrente a avaliação de que a Justiça está mais atuante agora, pois essas favelas já não são identificadas como "áreas de periculosidade".

A garantia de segurança é condição indispensável para a implementação de qualquer política pública, mas por si só não é capaz de garantir a consciência acerca dos direitos, os meios de reclamá-los e a inclusão desses moradores, transformando-os em cidadãos de fato. Portanto, podemos afirmar que a pacificação rompe algumas barreiras no acesso à justiça, mas não satisfaz, por si mesma, as necessidades de justiça dessa população, o que só poderá ser alcançado a partir da concretização de iniciativas que passem pela educação para os direitos.

## Referências

CANO, Ignacio et al. (Coord.). *Os donos do morro*: uma avaliação exploratória do impacto das unidades de polícia pacificadora (UPPs) no Rio de Janeiro. Rio de Janeiro: Fórum Brasileiro de Segurança Pública, 2012. Disponível em: <http://riorealblog.files.wordpress.com/2012/07/relatc3b3riofinalcaf13.pdf>. Acesso em: 20 dez. 2013.

CAPPELLETTI, Mauro; GARTH, Bryant. *Acesso à justiça*. Porto Alegre: Fabris, 1988.

CARLIN, J.; HOWARD, J. Legal representation and class justice. *UCLA Law Review*, Los Angeles, CA, n. 12, p. 381-431, 1965.

CUNHA, Luciana Gross et al. Índice de Confiança na Justiça Brasileira (*ICJBrasil*): relatório do ano 4 (2º trim. 2012/1º trim. 2013). São Paulo: FGV, 2013.

CUNHA, Neiva Vieira da; MELLO, Marco Antonio da Silva. Novos conflitos na cidade: a UPP e o processo de urbanização na favela. *Dilemas*, Rio de Janeiro, v. 4, n. 3, p. 371-401, 2011.

FELSTINER, W. L. F.; ABEL, R. L.; SARAT, A. The emergence and transformation of disputes: naming, blaming, claiming. *Law and Society Review*. Salt Lake City, v. 15, n. 3/4, p. 631-654, 1980-1981. Ed. especial.

GENN, Hazel G; PATTERSON, Alan. *Paths to justice*: what people do and think about going to law. Portland, OR: Hart Publishing, 1999.

_____; _____. *Paths to justice Scotland*: what people in Scotland do and think about going to law. Portland, OR: Hart Publishing, 2001.

INSTITUTO BRASILEIRO DE GEOGRAFIA E ESTATÍSTICA (IBGE). *Pesquisa Nacional por Amostra de Domicílios (Pnad)*: características da vitimização e do acesso à justiça no Brasil. Rio de Janeiro: IBGE, 2009.

INSTITUTO DE PESQUISA ECONÔMICA E APLICADA (IPEA). *Indicadores socioeconômicos e a litigiosidade*. Brasília, DF: Ipea, 2009.

KRITZER, Herbert M. To lawyer, or not to lawyer, is that the question? *Journal of Empirical Legal Studies*, Malden, MA, v. 5, n. 4, p. 875-906, 2008.

MINISTÉRIO DA JUSTIÇA (MJ). Secretaria de Reforma do Judiciário. *Atlas de acesso à justiça*: indicadores nacionais de acesso à justiça. Brasília, DF: MJ, 2013. Disponível em: <www.acessoajustica.gov.br/pub/template/tela_interna_05.faces?item=relatorio>. Acesso em: 2 fev. 2014.

MOREIRA, Rafaela Selem; CITTADINO, Gisele. Acesso individual e coletivo de moradores de favelas à justiça. *Revista Brasileira de Ciências Sociais*, São Paulo, v. 28, n. 81, p. 33-48, 2013.

PANDOLFI, Dulce Chaves et al. *Cidadania, justiça e violência*. Rio de Janeiro: FGV, 1999.

SADEK, Maria Tereza. Acesso à justiça: visão da sociedade. *Justitia*, São Paulo, v. 1, p. 271-280, 2009.

SADEK, Maria Tereza Aina; OLIVEIRA, Fabiana Luci de. Vivência de conflitos e usos das instituições formais de justiça pelos moradores das favelas. In: OLIVEIRA, Fabiana Luci de. *UPPs, direitos e justiça*: um estudo de caso das favelas do Vidigal e do Cantagalo. Rio de Janeiro: FGV, 2012. p. 123-149.

SANDEFUR, Rebecca L. Access to civil justice and race, class, and gender inequality. *Annual Review of Sociology*, Palo Alto, CA, v. 34, p. 339-358, 2008.

SANTOS, Boaventura de Sousa. The law of the oppressed: the construction and reproduction of legality in Pasargada. *Law and Society Review*, Salt Lake City, v. 12, n. 1, p. 5-126, 1977

_____. *Para uma revolução democrática da justiça*. 2. ed. São Paulo: Cortez, 2008.

CAPÍTULO 6
# Um balanço das UPPs nas favelas do Cantagalo, do Vidigal e do Complexo do Alemão

FABIANA LUCI DE OLIVEIRA

IZABEL SAENGER NUÑEZ

Experiência inaugurada em 19 de dezembro de 2008 no Morro Santa Marta, em Botafogo, na Zona Sul do Rio de Janeiro, as Unidades de Polícia Pacificadora vêm sendo celebradas por amplos setores da mídia, do empresariado, da sociedade civil e da academia como uma política de segurança pública bem-sucedida na recuperação do território e na promoção de segurança aos moradores das favelas e do seu entorno.

Mas a celebração não é unânime; há diversas críticas aos problemas e limitações dessa política. Os dados da redução da criminalidade nas localidades e nos arredores, especialmente os números de homicídios, parecem não deixar dúvidas quanto à eficácia dessa política em reduzir a violência,[1] no entanto é preciso considerar a possibilidade de deslocamento da criminalidade para outras localidades "não pacificadas". E uma das principais críticas à política de pacificação tem sido justamente a seletividade dos locais de sua instalação. Outras críticas são em relação ao elevado poder discricionário e coercitivo atribuído à Polícia Militar na de-

---

[1] CANO, Ignacio et al. (Coord.).: uma avaliação exploratória do impacto das unidades de polícia pacificadora (UPPs) no Rio de Janeiro. Rio de Janeiro: Fórum Brasileiro de Segurança Pública, 2012. Disponível em: <http://riorealblog.files.wordpress.com/2012/07/relatc3b3riofinalcaf13.pdf>. Acesso em: 20 dez. 2013.

finição da sociabilidade nas favelas, assim como no controle dos eventos de lazer, ou mesmo a perda do direito de edificar e modificar suas casas em algumas localidades, até que se complete o processo de titulação. São também alvo de críticas a arbitrariedade da polícia na forma de abordagem dos moradores,[2] o aumento do custo de vida e o fantasma da "expulsão branca", com as populações pobres sendo afastadas das áreas mais nobres da cidade, num processo de gentrificação desses espaços, especialmente nas favelas com localização privilegiada[3] e, ainda, a não consensualização com os moradores sobre os quais incidem tais políticas públicas, criando uma ordem imposta e não legítima e democrática.[4]

Tidas como etapa antecedente e essencial para possibilitar o acesso dos moradores das favelas aos demais direitos de cidadania, em dezembro de 2013, data de conclusão da pesquisa, o Rio de Janeiro já contava com 36 UPPs, cobrindo 252 comunidades, impactando as vidas de mais de 1,5 milhão de pessoas. Mas como os moradores dessas áreas pacificadas avaliam os impactos das UPPs em seu cotidiano e na promoção dos direitos de cidadania? Quais os aspectos positivos e negativos que percebem na convivência diária com os policiais?

Diversos pesquisadores têm-se dedicado a avaliar o desempenho das UPPs aos olhos dos mais diretamente afetados: os moradores das favelas pacificadas. Uma dessas pesquisas é a conduzida por Burgos e colaboradores,[5] em quatro favelas com UPPs, com o intuito de investigar a partir da visão dos moradores, via entrevistas qualitativas, os dilemas, limites e potencialidades das UPPs e do seu alcance sobre o exercício da cidadania. Os pesquisadores concluem que há "um misto de desconfiança e de entusiasmo entre os moradores das diferentes favelas", com os moradores afirmando que "tá a mesma coisa", "não mudou muito a situação", ou "para a gente serviu para dormir em paz".[6] Apontam

---

[2] FLEURY, Sonia. Militarização do social como estratégia de integração: o caso da UPP do Santa Marta. *Sociologias*, Porto Alegre, n. 30, p. 194-222, 2012.

[3] CUNHA, Neiva Vieira da; MELLO, Marco Antonio da Silva. Novos conflitos na cidade: a UPP e o processo de urbanização na favela. *Dilemas*, Rio de Janeiro, v. 4, n. 3, p. 371-401, 2011.

[4] LIMA, Roberto Kant de. Antropologia, direito e segurança pública: uma combinação heterodoxa. *Cuadernos de Antropología Social*, Buenos Aires, n. 37, p. 43-57, jul. 2013. Disponível em: <www.scielo.org.ar/scielo.php?script=sci_arttext&pid=S1850-275X2013000100004&lng=es&nrm=iso>. Acesso em: 12 fev. 2014.

[5] BURGOS, Marcelo Baumann et al. O efeito UPP na percepção dos moradores das favelas. *Desigualdade & Diversidade*: revista de ciências sociais da PUC-Rio, Rio de Janeiro, n. 11, p. 49-98, ago./dez. 2012.

[6] Ibid., p. 68.

também para a percepção de fragilidade e incerteza acerca da política e para a desconfiança do seu casuísmo em razão da Copa e das Olimpíadas. Conclusões compartilhadas por diversos estudos.[7]

Aqui, damos continuidade à avaliação que se iniciou em 2011, quando entrevistamos moradores do Cantagalo, que já contava com a UPP havia pouco mais de um ano, e do Vidigal, que ainda não tinha sido pacificado, mas já figurava entre as áreas prioritárias de instalação de novas unidades. Naquele momento, apreendemos a avaliação dos moradores do Cantagalo com relação a essa política de segurança e as expectativas dos moradores do Vidigal. Em 2013, voltamos a essas duas favelas para entender como os moradores do Cantagalo percebem o desempenho da política passados três anos de sua instalação, e comparando, no caso do Vidigal, o antes e o depois da UPP, ou seja, as expectativas dos moradores antes da implementação da UPP e a avaliação que fazem dos impactos da política, pouco mais de um ano depois de instalada. Trazemos ainda o caso dos moradores do Complexo do Alemão na área da UPP Fazendinha, para termos um parâmetro de comparação com uma área distante da Zona Sul da cidade. Cabe lembrar que a UPP Fazendinha foi inaugurada em abril de 2012, data próxima à inauguração da UPP no Vidigal (que se deu em janeiro de 2012).

Nosso objetivo é verificar como as UPPs são percebidas e avaliadas pelos moradores a partir de sua reação aos três pilares centrais dessa política: levar paz aos moradores (recuperação do território), promover a aproximação entre população e polícia e fortalecer políticas sociais.[8] Comparamos os resultados

---

[7] BURGOS, Marcelo Baumann et al. "O efeito UPP na percepção dos moradores das favelas", 2012, op. cit.; CUNHA, Neiva Vieira da; MELLO, Marco Antonio da Silva. "Novos conflitos na cidade", 2011, op. cit.; OLIVEIRA, Fabiana Luci de. *UPPs, direitos e justiça*: um estudo de caso das favelas do Vidigal e do Cantagalo. Rio de Janeiro: FGV, 2012; FLEURY, Sonia. "Militarização do social como estratégia de integração", 2012, op. cit.; LEITE, Márcia Pereira. Da metáfora da guerra ao projeto de pacificação: favelas e políticas de segurança pública no Rio de Janeiro. *Revista Brasileira de Segurança Pública*, São Paulo, v. 6, n. 2, p. 374-388, 2012; RODRIGUES, André; SIQUEIRA, Raiza. As Unidades de Polícia Pacificadora e a segurança pública no Rio de Janeiro. Unidades de Polícia Pacificadora: debates e reflexões. *Revista Iser*, Rio de Janeiro, v. 67, p. 9-52, 2012; MENEZES, Palloma Valle. *Rumores e críticas em favelas "pacificadas"*: um estudo sobre como moradores e policiais avaliam as Unidades de Polícia Pacificadora. Buenos Aires: Clacso, 2013. Relatório. Disponível em: <http://biblioteca.clacso.edu.ar/subida/clacso/becas/20131231020717/Relatorio.pdf>. Acesso em: 12 fev. 2014.

[8] O Decreto nº 42.787/2011, que dispõe sobre a implantação, estrutura, atuação e funcionamento das unidades de polícia pacificadora (UPP), apresenta, em seu art. 1º, §2º, os objetivos das UPPs como: "a) consolidar o controle estatal sobre comunidades sob forte influência da criminalidade ostensivamente armada; e b) devolver à população local a paz e a tranquilidade públicas necessárias ao exercício da cidadania plena que garanta o desenvolvimento tanto social quanto econômico" (RIO DE

desse rodada da pesquisa com os resultados de 2011 para os casos do Vidigal e do Cantagalo.

## Segurança: "paz aos moradores"

Um dos primeiros aspectos que abordamos foi a sensação de segurança dos moradores na comunidade, perguntando o quanto diriam que se sentiam seguros hoje em dia, solicitando que se posicionassem numa escala de 1 a 5 — sendo 1 muito inseguro e 5 muito seguro. Em 2011, 67% dos moradores do Cantagalo disseram que se sentiam seguros e no Vidigal esse total foi de 73%. Em 2013, quando repetimos a pergunta, no Cantagalo o total permanece praticamente inalterado, com 66% dos moradores declarando sentir-se seguros na comunidade. Já no Vidigal o percentual aumentou para 82%, num indicativo de que há um efeito positivo na sensação de segurança vindo com a UPP. Na Fazendinha 51% declararam sentir-se seguros na comunidade.

Na rodada de 2013, solicitamos também que indicassem sua sensação de segurança em casa e na cidade, com 90% dos moradores declarando-se seguros em seus domicílios no Cantagalo, 94% no Vidigal e 85% na Fazendinha. Já na cidade, o percentual dos que se sentem seguros é muito baixo, ficando em 22% entre os moradores do Cantagalo, 13% entre os moradores do Vidigal e apenas 5% dos moradores da Fazendinha.

Podemos analisar esses dados tendo como referência aqueles produzidos pela Pnad 2009,[9] em que, entre os moradores da região Sudeste, 79,1% disseram sentir-se seguros em seus domicílios, 67,7% em seu bairro e 51,6% em sua cidade. A grande distância está na sensação de segurança na cidade, que parece ainda negada aos moradores, que não se sentem seguros (ou mesmo confortáveis) fazendo parte dela.

---

JANEIRO (Estado). Decreto nº 42.787, de 6 de janeiro de 2011: dispõe sobre a implantação, estrutura, atuação e funcionamento das Unidades de Polícia Pacificadora (UPP) no Estado do Rio de Janeiro e dá outras providências. Rio de Janeiro, *Diário Oficial do Estado do Rio de Janeiro*, 7 jan. 2011).
[9] INSTITUTO BRASILEIRO DE GEOGRAFIA E ESTATÍSTICA (IBGE). *Pesquisa Nacional por Amostra de Domicílios*: características da vitimização e do acesso à justiça no Brasil, 2009. Rio de Janeiro: IBGE, 2009.

Esses dados vão no mesmo sentido dos encontrados por Márcia Leite e Luiz Antonio Machado da Silva ao abordarem a juventude nas favelas pacificadas, identificando desconforto e insegurança na ultrapassagem de fronteiras invisíveis ao experimentar a cidade.[10]

Gráfico 1 | Percentual de moradores que declararam se sentir seguros ou muito seguros

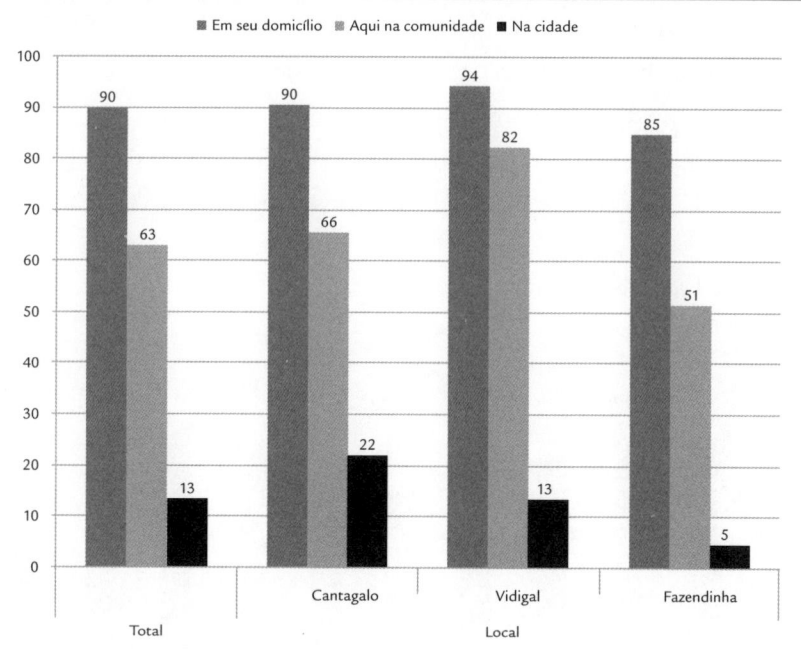

■ Em seu domicílio  ■ Aqui na comunidade  ■ Na cidade

| | Em seu domicílio | Aqui na comunidade | Na cidade |
|---|---|---|---|
| Total | 90 | 63 | 13 |
| Cantagalo | 90 | 66 | 22 |
| Vidigal | 94 | 82 | 13 |
| Fazendinha | 85 | 51 | 5 |

Base: 1.220 entrevistas.

Abordamos, na sequência, a percepção dos moradores com relação aos efeitos que atribuem à UPP na segurança da comunidade, e a grande maioria respondeu à pergunta: "Na sua opinião, após a vinda da UPP para a comunidade, a situação de segurança melhorou, ficou igual ou piorou?" A maioria respondeu no sentido de melhoria (77% no total), sendo na Fazendinha o maior percentual: 87% do total de entrevistados disseram que a segurança melhorou.

---

[10] LEITE, Márcia P.; SILVA, Luiz Antonio Machado da. Circulação e fronteiras no Rio de Janeiro: a experiência urbana de jovens moradores de favela em contexto de "pacificação". In: CUNHA, Neiva Vieira da; FELTRAN, Gabriel de Santis (Org.). *Sobre periferias*: novos conflitos no Brasil contemporâneo. Rio de Janeiro: Lamparina, 2013. p. 152.

Quando perguntamos, em 2011, aos moradores do Vidigal, "Na sua opinião, caso a UPP seja instalada aqui no Vidigal, como ficaria a segurança na comunidade, melhoraria, ficaria igual ou pioraria?", 41% tinham expectativa de melhoria, 26% acreditavam que permaneceria igual, 17% esperavam uma piora e 16% não sabiam o que esperar. Comparando essa expectativa de 2011 com a avaliação do que aconteceu um ano após a instalação da UPP nas entrevistas de 2013, temos que 5% dos moradores avaliam que a segurança piorou, 19% não percebem diferença entre o antes e o depois da UPP no quesito segurança, e 74% acreditam que houve melhoria, com uma minoria de 2% não sabendo avaliar.

A percepção dos moradores do Cantagalo não se alterou entre as duas rodadas da pesquisa, sendo que, em 2011, 71% avaliavam que a vinda da UPP havia melhorado a segurança, percentual que permanece inalterado em 2013.

Gráfico 2 | Percepção com relação à segurança na comunidade após a vinda da UPP (%)

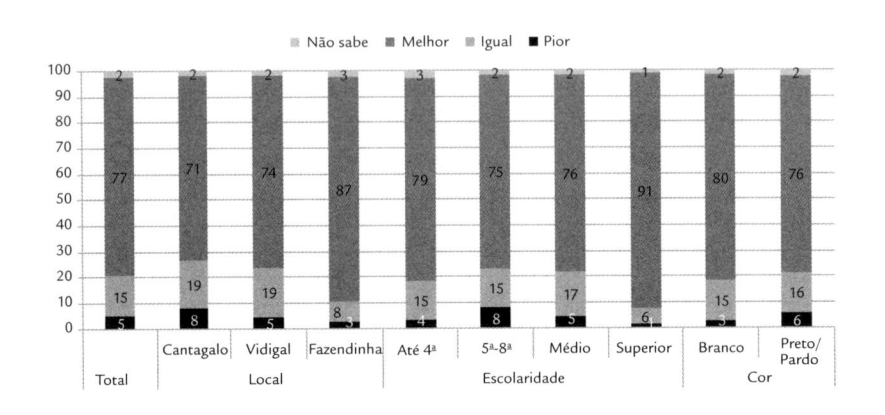

Base: 1.220 entrevistas.

Ao falarem sobre como é a vida nas favelas pós-pacificação no que se refere à segurança, os depoimentos vão em dois sentidos. De um lado, relatam o aumento de furtos, que associam ao sentimento de insegurança, e, de outro, reconhecem que o fim das trocas de tiros entre traficantes, e entre estes e a polícia, dá mais tranquilidade para a vida local.

Aumentou muito. Roubo e furto, aumentou muito. Na época não tinha muito roubo aqui. Antigamente, você poderia dormir até com a tua porta aberta, que ninguém entrava para roubar a sua casa. Hoje, se você deixar a sua casa aberta, nego leva tudo de dentro [liderança, Fazendinha].

As pessoas não têm mais a confiança de sair, viajar e deixar a casa fechada. Não tem mais isso [liderança, Fazendinha].

Ouvimos também críticas à limitação da política, unicamente voltada para o aspecto da segurança, não vindo acompanhada de projetos sociais, considerados necessários pelos moradores, assim como relatos quanto à dúvida que paira sobre o tempo de duração e permanência da política — crítica apontada em diversos estudos.

É para melhor, a gente entende que é, mas a nossa realidade os nossos olhos não veem como sendo, entendeu? [...]. As nossas favelas foram maquiadas, será que essa questão da UPP é uma maquiagem ou é real? Tudo era questão de prender o traficante [ONG, Cantagalo].

Teve [diferença], não tem como você falar que não teve porque teve! Nós éramos acostumados sair da porta de casa e ver arma, a qualquer momento ter uma guerra. Hoje em dia não temos mais esse problema, mas o Vidigal necessita bem mais do que isso, os projetos que vieram ainda são poucos [liderança, Vidigal].

## Aproximação entre população e polícia: convívio e expectativas

No cerne do modelo de policiamento comunitário está a concepção de uma polícia mais democrática, menos repressiva, e que objetive proporcionar maior autonomia para os moradores da localidade onde se instala.[11] Assim, espera-se

---

[11] SKOLNICK, Jerome H.; BAYLEY, David H. *Policiamento comunitário*: questões e práticas através do mundo. São Paulo: Edusp, 2002.

que a convivência com a polícia deixe de ser de confronto — como historicamente tem sido no Rio de Janeiro e no país como um todo, quando se trata de populações marginalizadas e estigmatizadas, como moradores de favelas e demais periferias da cidade — e passe a ser de cooperação e confiança. É inevitável que num momento inicial, devido à instauração de novas regras, de uma nova dinâmica de convivência, haja um período de adaptação de ambas as partes, e que alguns conflitos surjam dessa convivência mais próxima com a polícia, conflitos que, espera-se, diminuam com o passar do tempo.

Embora o modelo formal descrito pelo Poder Executivo seja o de policiamento comunitário, como dissemos acima, a maneira como se dá a implantação das UPPs não parece se adequar a tal perspectiva, tanto pela forma como ocorre a ocupação dos territórios pacificados quanto pela maneira como são vistas, pelo poder público, as pessoas que vivem nesses locais, ou seja, dada a ausência de capacidade reivindicativa tradicionalmente atribuída a elas, conforme aponta Machado da Silva.[12]

Em direção diversa do policiamento comunitário, a descrição de modelo hileomórfico feita por Antonio Rafael Barbosa[13] se adapta melhor ao que vem sendo feito nesses territórios. Conforme a crítica desse autor, tal projeto toma a vida das pessoas que vivem nas comunidades pacificadas como "matéria bruta" sobre a qual incide uma maneira técnica de fazer policiamento, segundo Barbosa, (1) baseada na produção de territorialidade como forma de ocupar as regiões pacificadas — a partir do controle da circulação das pessoas naqueles espaços; (2) baseada na produção de uma "estética da ordem" com a normali-

---

[12] SILVA, Luiz Antonio Machado da. "Afinal, qual é a das UPPs?", 2010, op. cit. O autor, ainda em 2010, já alertava que "não é possível pensar em políticas de inclusão social sem, imediatamente, focalizar reivindicações ou, pelo menos, expectativas, que são reivindicações implícitas e/ou inorgânicas: seus conteúdos, suas condições de possibilidade, seus agentes etc. Quando se pensa na população que mora nas localidades onde estão implantadas as UPPs ou são potenciais alvos delas, podemos dizer sem medo de errar que, atualmente, sua capacidade reivindicativa é muito limitada. A simples ideia de que essas áreas precisam ser pacificadas indica que os moradores, em conjunto, são vistos com extrema desconfiança, seja pelo restante da população urbana, seja pelas instituições de manutenção da ordem pública" (SILVA, Luiz Antonio Machado da. Afinal, qual é a das UPPs? *Observatório das Metrópoles*, Rio de Janeiro: 2010. p. 4. Disponível em: <www.observatoriodasmetropoles.ufrj.br/artigo_machado_UPPs.pdf>. Acesso em: 2 fev. 2014).
[13] BARBOSA, Antonio Rafael. Considerações introdutórias sobre territorialidade e mercado na conformação das Unidades de Polícia Pacificadora no Rio de Janeiro. *Revista Brasileira de Segurança Pública*, São Paulo, v. 6, n. 2, p. 256-265, 2012.

zação de comportamentos (que é percebida pelos moradores e aparece em suas falas quando dizem que a favela foi "maquiada" com a implantação das UPPs); e (3) que constitui uma formação institucional que se abre para intervenções de diferentes saberes (por exemplo, para a instalação de serviços privados fornecidos por bancos, para novas regulamentações sobre a vida das pessoas e para outras demandas de urbanização) de modo a transformar a cidade em uma espécie de mercadoria (o que vai ao encontro do aumento dos preços dos imóveis, da especulação imobiliária constatada em nossa pesquisa).

Com isso, queremos dizer que em que pese o projeto ser descrito como de "policiamento comunitário", a crítica que é feita por diversos pesquisadores é no sentido de que tal modelo não se coaduna com o que vem sendo feito pela polícia nessas regiões. Embora, claro, haja uma redução dos tiroteios, configurando uma "forma inovadora de repressão ao crime a partir do controle do território", a relação do poder público, através de seu braço armado, a polícia, segue não levando em conta os moradores destinatários de tais políticas públicas (e suas "formas de vida", conforme Machado da Silva),[14] tanto em sua elaboração quanto na implementação.

Ou seja, enquanto as pessoas que vivem nesses territórios não forem reconhecidas pelos agentes públicos como dotadas de capacidade reivindicativa, embora aceitem a implantação das UPPs, como mostram as taxas de aprovação de tal política, não poderemos falar em inclusão social plena dos que vivem nesses territórios. Aumentar o policiamento e reduzir a "luta armada" entre traficantes e policiais pode ser apenas o primeiro passo, desde que a ele se sucedam outras ações, como as ditas ações "sociais", tão cobradas pelos moradores.

Com o intuito de mensurar a dinâmica de interação com a polícia e capturar esses potenciais conflitos é que perguntamos aos moradores sobre situações que vivenciaram nos últimos 12 meses com relação à polícia.

Entre essas situações estão as que são bastante comuns no início de instalação da UPP, quando se dá a ocupação e recuperação do território: revistas pessoais e domiciliares e apresentação de documentos. Outros tipos de situações

---

[14] SILVA, Luiz Antonio Machado da. "Afinal, qual é a das UPPs?", 2010, op. cit.

envolvem ameaça, agressão e detenção. Além disso, perguntamos aos moradores se sentiram que foram desrespeitados pela polícia de alguma outra forma que não essas. As perguntas foram feitas exatamente da mesma maneira nas duas rodadas da pesquisa.

Comparando os dados de 2011 e 2013 para o Cantagalo, vemos que as ocorrências de apresentação de documentos e revista pessoal diminuíram, passando de um contingente de 47% dos moradores para 33% no primeiro caso, e de 47% para 37%, no segundo. A revista domiciliar também diminuiu, sendo que, em 2011, 33% dos moradores declararam ter passado por isso no último ano, contra 28% que declararam ter vivenciado essa situação em 2013.

Gráfico 3 | Percentual de moradores que declararam ter passado por situações com a polícia nos últimos 12 meses

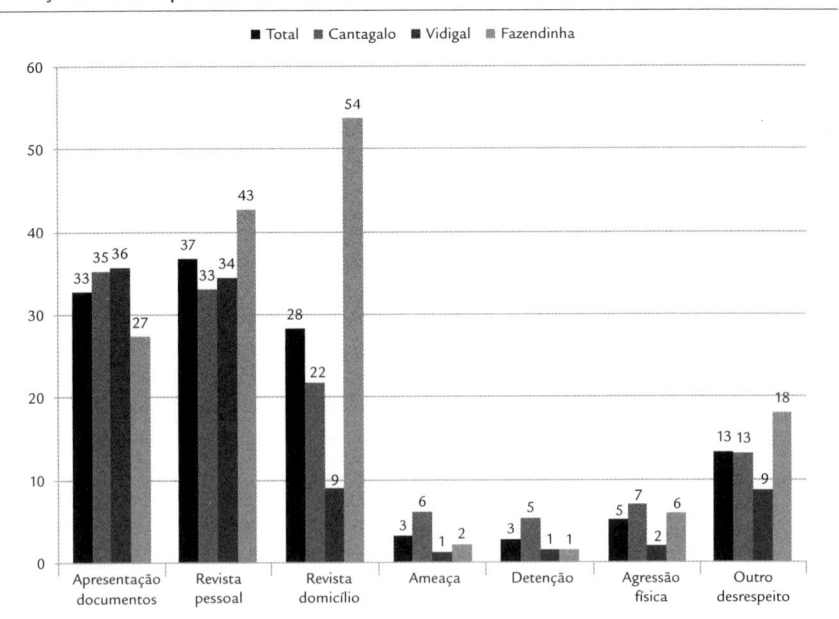

Base: 1.220 entrevistas.

As ameaças e outros tipos de desrespeito aos moradores também diminuíram sensivelmente, passando de 13% para 3% no primeiro caso, e de 26% para 13% no segundo. Agressões físicas e detenções também diminuíram, passando de 12% para 5% dos moradores no primeiro caso e de 10% para 3% no segundo.

No Vidigal, como era de se esperar, aumentaram as ocorrências de revista pessoal e domiciliar e apresentação de documentos, em virtude da maior proximidade e convivência com a polícia. Mas, ainda assim, o relato de revista domiciliar é bastante baixo, frente ao ocorrido nas demais favelas. Os outros conflitos decorrentes de ameaça, detenção e agressão, e outros tipos de desrespeito permaneceram no mesmo patamar entre as duas rodadas — o que indica uma ocupação mais "pacífica" no Vidigal, comparado ao Cantagalo.

A forma como os policiais interagem com os moradores é descrita de maneira ambígua. Enquanto uns apontam uma boa relação, de proximidade e cordialidade, outros descrevem situações de conflito, sobretudo em relação à proibição dos bailes e festas e à forma como os agentes abordam pessoas reunidas em bares das comunidades. Os conflitos parecem ser mais intensos no início do processo de pacificação, aparecendo mais nas falas das lideranças comunitárias das favelas na área da UPP Fazendinha (no Complexo do Alemão) e no Vidigal, e menos agora no Cantagalo.

> No começo teve isso realmente e pra melhor segurança tem que ter, os caras andarem por dentro, fazerem a ronda, e a pessoa que não deve, uma coisa é você vir e fazer o seu trabalho da maneira que você tem que chegar, o policial também não pode chegar e tratar todo mundo como *se fosse* bandido, como se todo mundo estivesse devendo alguma coisa, então acho que dependendo do serviço tem que saber diferenciar, desde o momento que se tiver respeito não tem problema nenhum eles fazerem o serviço deles, o problema é que a gente escuta muito isso, o abuso de como é abordado. [E isso é comum?] Hoje está melhor, no começo tinha isso, "ah, entraram na minha casa, sumiu isso, sumiu aquilo" [liderança, Vidigal].

> Então hoje o principal problema é os conflitos com a UPP mesmo, conflito de questão de, se você vai fazer um evento, você tem que pedir permissão, até na tua casa tem hora para acabar, isso é uma coisa que tem acontecido constante depois da ocupação [...] Se vai até de madrugada é melhor você comunicar para que ninguém... Porque o povo mesmo liga para lá e eles vem acabar com a tua festa, e pode acontecer um conflito maior... [liderança Fazendinha].

Tinha muita briga de dia, porque tem que saber tratar a gente bem. Ninguém é cachorro, não. Mas se vir tratar mal porque é polícia... é polícia, mas se vier achando que vai prender, vai prender. Pode prender. Pode dar desacato, vai dar porque ele quer. Porque ele sabe que está errado, mas como a farda dele está valendo muito mais, ele fala, "Cala!". Não é cala, não. Fala direito, você está falando com um ser humano, igual a você. Sou trabalhador, você está trabalhando, mas tá tudo bem, a gente está se divertindo, mas chega direitinho... Como é que você vai chegar num bar, todo mundo bebendo, e chegar gritando. "Boa tarde, gente, eu estou trabalhando". Entendeu? Mas eles acham que todo mundo que está ali é marginal, aí que torna a confusão aqui dentro. Porque aqui ninguém atura, não. Nas Casinhas ninguém atura não [liderança, Fazendinha].

Eu acho que os policiais são pouco preparado sabe, eles têm que ter uma forma melhor de agir na comunidade, eles têm que ser mais humano e menos radical. Se eles chegassem menos radical eles conquistavam mais, mas às vezes porque há pessoas e pessoas então há policiais e policiais, aqui eu fico observando os turnos que troca, uns são muito educados, muito bacana, as crianças até dá bom dia, boa tarde, as crianças falam, outros são cara amarrada, de monstro, se eles pudessem eles davam um tiro na tua cara [liderança, Fazendinha].

Olha, eu vejo ainda muita dificuldade, porque são jogados os policiais dentro da favela, até para eles é difícil, porque viver, sentir, saber que ele está lidando com jovens que estão extremamente viciados no *crack*, saber que ele está lidando com alcoólatra, com um cara que é dependente químico, que ninguém usa cocaína porque quer usar cocaína, ninguém usa o *crack* porque quer usar. Hoje o filho do bacana ele é considerado como um doente, mas a gente pobre é considerado como viciado, então por que que o olhar para ele é de um jeito e para o nosso é diferente, aí você vê esse distanciamento, você vê, o que muda é o que, ah, é a Vieira Souto, a Epitácio Pessoa, ah mas e o Cantagalo, é o mesmo viciado que tem lá embaixo, é o mesmo usuário [liderança, Cantagalo].

Na Fazendinha os conflitos seguem distribuições próximas às ocorridas nas outras duas favelas, com maior expressividade das revistas pessoais e domiciliares. Também é mais frequente o relato de outros tipos de desrespeito.

Entre as reclamações mais comuns está a forma de abordagem da polícia, mas principalmente sua interferência na rotina de lazer das comunidades. É comum ouvir reclamações em todas as favelas pacificadas acerca das limitações ou proibições dos bailes *funk* e outras festas nessas localidades. No Vidigal, as reclamações são ainda reforçadas por se afirmar que se tem permitido a pessoas de fora da comunidade organizar eventos voltados aos moradores do asfalto, que "invadem a favela" e ocupam o espaço antes voltado aos "locais". Agora muitos moradores declaram sentir-se também segregados em sua própria comunidade.

A questão das festas foi apontada, por todas as lideranças comunitárias que entrevistamos, como dificuldade trazida pela implantação da polícia pacificadora.

> No anterior, não tinha essa dificuldade, você chegava, você botava uma caixa de som, você fazia a tua festinha, a tua musiquinha. Hoje a UPP ela está botando muita dificuldade para você realizar uma festa de pagode, você tem um responsável, está assinado aqui, não está, você é o responsável, você dá a entrada, aconteceu um problema na festa você tem que chamar o responsável no outro dia, dois dias depois e falar assim "oh você não vai mais fazer festa por quê? Porque teve problema, então você vai zelar para que não venha a ter problema nas festas que eles estão autorizando", só que infelizmente nem autorizar eles estão autorizando. Eu fui lá no capitão semana passada, entendeu, pedi autorização e não me liberaram, fui semana retrasada não liberaram, estou com essa pasta aqui olha, são todos os documentos para você ver... [liderança, Fazendinha].

> É, a associação faz essa mediação, tem um local que estava tendo muito problema, estavam colocando uma festa e como era uma área bem residencial não tinha espaço, era rádio, som as vezes terminava sete, oito horas as pessoas alcoolizadas, drogadas, mija aqui, quebra cano, então fora a festa que não tem estrutura nenhuma, os vizinhos daquela redondeza estavam começando a ser prejudicado.[O pessoal de fora ou de dentro que vinha fazer a festa?] É de fora, a pessoa tinha uma laje alugava pra pessoas que fazem eventos e teve um abaixo-assinado que nós entregamos para a UPP [liderança, Vidigal].

> Nosso relacionamento com a UPP é um pouco distante. Não é porque são policiais e nós não somos; é porque a parte social da UPP não veio, como eu falei no começo da

entrevista. O governo botou a UPP aqui pensando que ela iria resolver o problema da comunidade, mas não é assim. O relacionamento da UPP com o morador, hoje, ainda é complicado. Como eu falei, e vou repetir, é uma comunidade que ficou 40 anos aí... [liderança, Fazendinha].

A resposta dos policiais à proibição e ao controle das festas é no sentido de "garantir a segurança". Eles afirmam que é preciso controlar a realização dos eventos de modo a não colocar os moradores em risco, sendo preciso avaliar a estrutura para a realização das festas e dos bailes *funk*. Há uma preocupação também em responder a possíveis problemas no caso de autorizarem a realização dos eventos e algo "dar errado". Apenas um agente do Cantagalo fez referência às reclamações que recebe dos moradores dos bairros do entorno.

Primeiro, eu vejo documento, vejo que hora vai acabar, quantas pessoas vai ser, em que lugar vai ser, quem está promovendo a festa, e a partir daí a gente avalia se a segurança está resguardada ou não, porque se não tiver o mínimo de segurança, se for estender pela madrugada, aí não tem condição de a gente autorizar. E eles mesmos, eles estão aprendendo até. É interessante, isso, porque eles estão aprendendo a argumentar. Porque no início eles não sabiam nem fazer um documento para solicitar, não se identificavam, não botavam um CPF, não sabia nem quem estava solicitando. Aí a gente falava, não é assim, você tem que se identificar, falar tudo que você quer, onde vai ser, que horas vai ser, então isso são algumas coisas que a gente exige, para a gente poder avaliar. A partir daí a gente avalia. Agora, é bem dinâmico. A gente pode, por exemplo... um exemplo, de repente a festa tem estrutura... estou dando um exemplo, né... tem estrutura, o horário está adequado, o morador é até um camarada que a gente sabe a conduta dele, de repente a gente tem um informe de alguma coisa que vai acontecer naquele local, então, quer dizer, diante destas circunstâncias, dependendo do informe, dependendo da situação, a gente pode não autorizar, para resguardar a segurança dos moradores [UPP, Fazendinha].

Eu fico impressionado porque ninguém me pede médico, ninguém me pede escola, ninguém me pede dentista. "Tenente, e o baile?", eles só querem saber do baile, do baile. Bom, primeiro: coração de Ipanema, Copacabana e Lagoa... Cada dia de baile minha segunda-feira é um inferno, segunda-feira aqui o meu telefone não para. [Por que isso?] Moradores de Ipanema reclamam muito de tudo, barulho qualquer coisa que fuja o padrão [UPP, Cantagalo].

Eu só opino na questão se eu sou capaz ou não de fornecer a segurança para aquele tipo de evento. Mas tem que ter a autorização da subprefeitura, do Corpo de Bombeiros, da delegacia, então eu sei que é impossível, ninguém vai conseguir isso, então dentro das comunidades a gente toma essa liberdade meio arbitrária de julgar sozinho. Se eles chegarem com tudo aqui, com certeza a opinião é positiva, só que eu sei que eles não vão conseguir, então eu meio que assumo essa responsabilidade de autorizar um evento aqui dentro, então é muito complicado ainda mais depois daquele evento de incêndio no Sul, então apertou mais ainda... [UPP, Cantagalo].

Apesar dos diversos conflitos e tensões, a avaliação da convivência com a polícia é mais positiva que negativa, com a maior parte dos moradores dando nota maior que 5 quando indagados acerca da nota dariam ao tratamento recebido dos policiais lotados na UPP de sua comunidade, numa escala de 0 a 10.

[E como é a relação dos policiais com a comunidade?] Eu acho que tem mais prós do que contra, que toda área, que todo projeto que vem tem muito que melhorar, mas toda profissão tem o cara que é bom e o que é mau profissional, em toda área tem reclamação, é bem aquilo que eu falei principalmente dentro de uma comunidade. Eu venho falar do Vidigal, aprendemos a viver de uma maneira errada, aprendemos a subir né numa moto sem capacete, e hoje estão vindo leis, mas todas essas leis... tem que saber como são impostas como vão ser faladas, muita gente as vezes não entende, querem mudanças mas não querem mudar [morador, Vidigal].

No início o morador até reclama [da abordagem policial], mas depois eles vão vendo, vão conhecendo, aquele rapaz está sempre ali, o outro está sempre ali sentado, aquele senhor está sempre ali então não tem tanto mais essa reclamação [morador, Fazendinha].

Gráfico 4 | Nota atribuída ao tratamento dado pela polícia aos moradores da comunidade (de 0-10) (%)

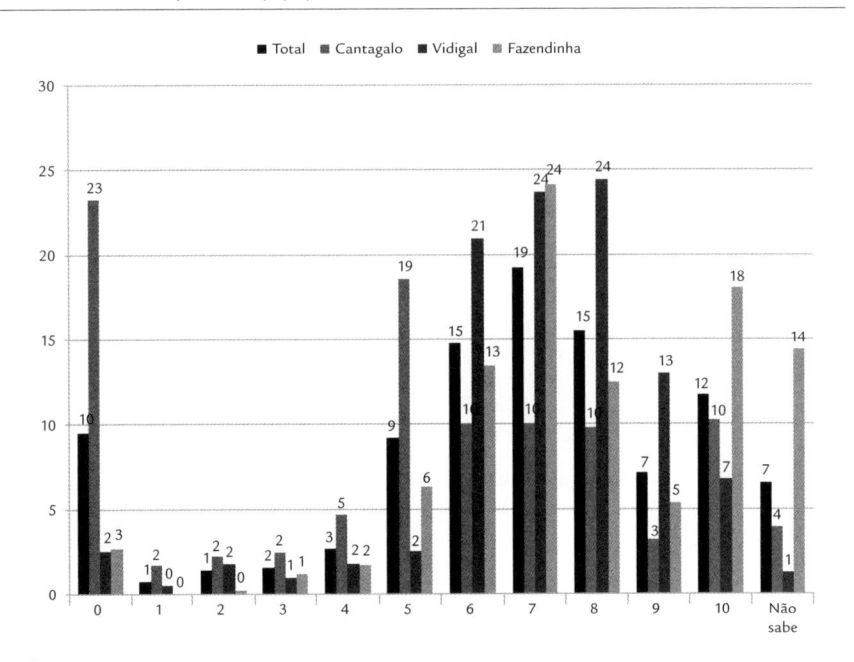

[Gráfico de barras com as categorias Total, Cantagalo, Vidigal, Fazendinha, com valores nas notas de 0 a 10 e "Não sabe":
- 0: 10, 23, 2, 3
- 1: 1, 2, 0, 0
- 2: 1, 2, 2, 0
- 3: 2, 2, 1, 1
- 4: 3, 5, 2, 2
- 5: 9, 19, 2, 6
- 6: 15, 21, 10, 13
- 7: 19, 24, 10, 24
- 8: 16, 24, 10, 12
- 9: 7, 3, 13, 5
- 10: 12, 10, 7, 18
- Não sabe: 7, 4, 1, 14]

Base: 1.220 entrevistas.

A situação é um pouco mais negativa no Cantagalo, onde, apesar de terem diminuído as declarações de ocorrência de tensões e desrespeitos, houve uma piora na avaliação da UPP. Na primeira rodada, a nota média dada pelos moradores do "Galo" aos policiais da UPP foi 6,2. Na rodada de 2013, essa média caiu para 4,8, com mediana 5 (ou seja, metade dos moradores deu nota menor ou igual a 5 e a outra metade deu nota maior que 5). Observando os extremos da escala, tínhamos, em 2011, 11% dos moradores do Cantagalo dando nota 0 aos policiais da UPP e 21% dando nota 10. Em 2013, o percentual de moradores que dão nota 0 subiu para 23% e o dos que dão nota 10 foi reduzido a 10% do total.

O que mudou nesse período, para aumentar a crítica dos moradores aos policiais da UPP? Ao perguntarmos àqueles que deram notas menores ou iguais a 5 o porquê dessa avaliação ruim acerca do tratamento recebido da polícia, a maioria não soube responder (51%), e entre os que souberam listar os motivos, os mais citados foram: "não mudou nada, esperávamos mais da polícia", o desrespeito na abordagem, o tratamento dispensado aos moradores e o abuso de poder. Não podemos ignorar também outro dado, que é a percepção de que há corrupção nas UPPs.

No Vidigal, a avaliação da polícia melhorou muito, passando de 4,7, na média, em 2011 para 7,1 em 2013. E enquanto em 2011 o percentual que dava nota 0 à polícia era de 20% dos moradores, em 2013 esse percentual reduziu-se para 2%; os que dão nota 10 permaneceram relativamente estáveis, 6% em 2011 e 7% em 2013.

Na Fazendinha o entusiasmo com os policiais da UPP é próximo ao do Vidigal, com a nota média sendo de 7,2.

Gráfico 5 | Motivo de avaliação negativa (%)

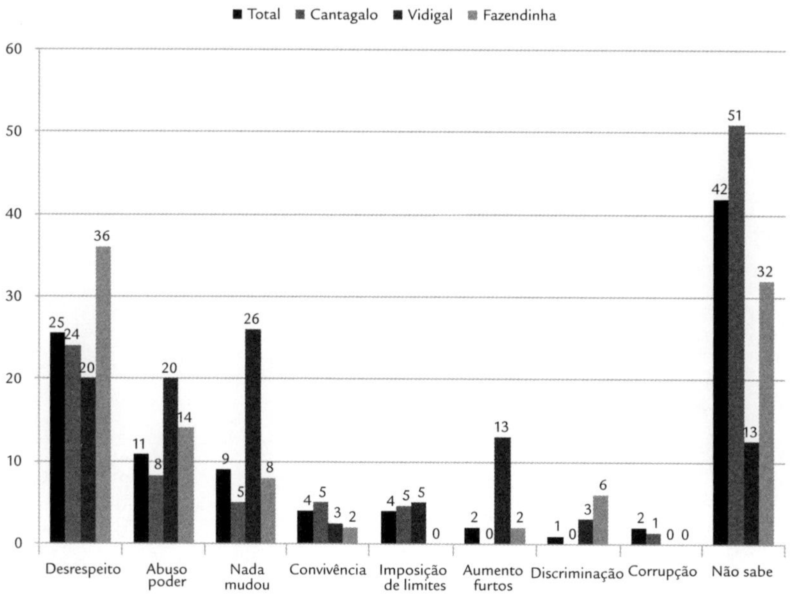

| Motivo | Total | Cantagalo | Vidigal | Fazendinha |
|---|---|---|---|---|
| Desrespeito | 25 | 24 | 20 | 36 |
| Abuso poder | 11 | 8 | 20 | 14 |
| Nada mudou | 9 | 5 | 26 | 8 |
| Convivência | 4 | 5 | 3 | 2 |
| Imposição de limites | 4 | 5 | 5 | 0 |
| Aumento furtos | 2 | 13 | 0 | 2 |
| Discriminação | 1 | 0 | 3 | 6 |
| Corrupção | 2 | 1 | 0 | 0 |
| Não sabe | 42 | 51 | 13 | 32 |

Base: 306 entrevistados que deram nota igual ou menor que 5 ao tratamento recebido da polícia.

Na rodada de 2013, solicitamos aos entrevistados que avaliassem os aspectos positivos e negativos da UPP. Sobre os aspectos positivos, perguntamos: "Na sua opinião qual seria, se alguma, a principal melhoria que a presença da UPP trouxe para a comunidade, ou seja, qual o lado bom da UPP?". Para 15% do total de entrevistados não haveria lado bom, percentual que chega a 31% entre os moradores do Cantagalo, sendo apenas 11% dos moradores do Vidigal e 4% dos moradores da Fazendinha os que acreditam que não há aspecto positivo na vinda da UPP. Outros 21% não souberam dizer se há aspectos positivos, sendo 29% dos moradores do Cantagalo, 7% dos moradores do Vidigal e 27% dos moradores da Fazendinha nessa situação.

No Vidigal e na Fazendinha os entrevistados citaram principalmente a segurança e a paz que passaram a ter na comunidade, aspecto mencionado por 37% e 42% dos moradores de cada comunidade respectivamente. Já entre os moradores do Cantagalo, apenas 13% mencionaram segurança e paz. O desarmamento é aspecto citado por 12% do total de entrevistados, sendo que, no Vidigal, 21% dos moradores chamam atenção para esse lado bom da UPP. Outro aspecto de destaque é a diminuição da criminalidade, lembrada por 10% dos moradores do Vidigal e 11% dos moradores da Fazendinha. O acesso aos serviços públicos, um dos objetivos das UPPs, não é lembrado por muitos. Isso porque esta continua a ser uma das principais reclamações dos moradores, como vimos no capítulo 1 do livro.

Gráfico 6 | O que a UPP trouxe de bom para a comunidade (%)

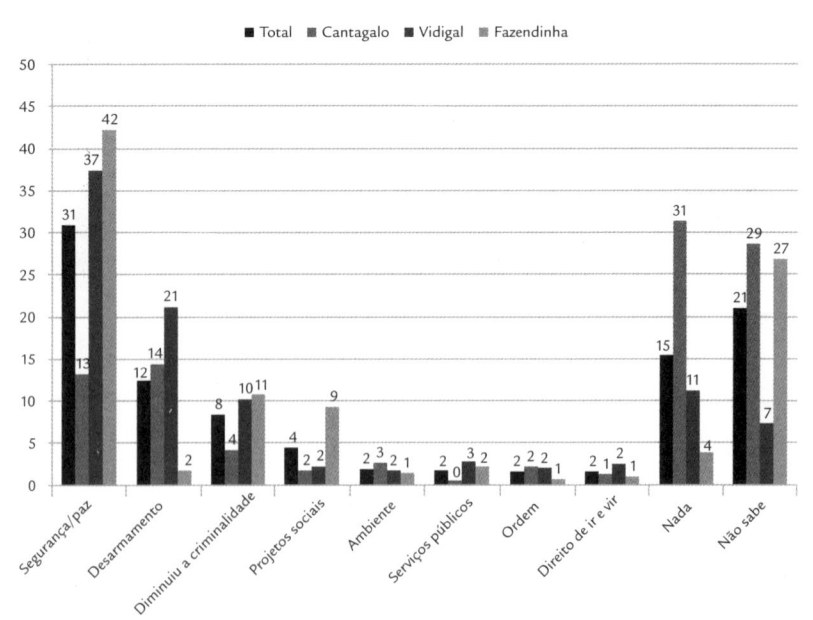

| Categoria | Total | Cantagalo | Vidigal | Fazendinha |
|---|---|---|---|---|
| Segurança/paz | 31 | 13 | 37 | 42 |
| Desarmamento | 12 | 14 | 21 | 2 |
| Diminuiu a criminalidade | 8 | 4 | 10 | 11 |
| Projetos sociais | 4 | 2 | 2 | 9 |
| Ambiente | 2 | 3 | 2 | 1 |
| Serviços públicos | 2 | 0 | 3 | 2 |
| Ordem | 2 | 2 | 2 | 1 |
| Direito de ir e vir | 2 | 1 | 2 | 1 |
| Nada | 15 | 31 | 11 | 4 |
| Não sabe | 21 | 29 | 7 | 27 |

Base: 1.220 entrevistas.

A percepção de a rotina na comunidade ter melhorado ou piorado com a vinda da UPP aparece de modo contextual, na medida em que cada um de nossos interlocutores nos relatou diferentes relações com a UPP, sempre citando aspectos negativos e positivos. Abaixo dois relatos de lideranças das comunidades que integram a Fazendinha. Anteriormente já transcrevemos a fala de liderança do Vidigal, por exemplo, que reconhece melhorias quanto à troca de tiros e a chamada "guerra" — seja entre traficantes ou entre estes e a polícia.

> [Você diria que melhorou ou piorou com a UPP aqui?] Não é melhorar, é limitar o armamento, isso limitou! [E a sua vida, melhorou com a UPP ou não?] Continua a mesma [...] Eles estão com intervenções na questão que ainda há briga com o tráfico de droga, ainda é o conflito. O Mariano Beltrano [sic] ele colocou muito isso, porque intervenção social deveria chegar, quando eles entrassem eles faziam a limpeza e a intervenção chegava. Que intervenção foi essa que chegou? Chegou a UPP Social pesquisando rua, mapeando rua, depois some, desaparece, não dá satisfação, não dá nada, eu não vejo nem mais escola, nem mais creche, nem mais atendimento médico... [moradora, Fazendinha].

> É aquele ditado. Pra falar a verdade, a gente que não deve nada a ninguém, não sai pra lá, pra cá, nós só ficamos preocupados com nossos filhos, a gente que não deve nada, sai pra trabalhar. Mas melhorou o sistema... Desarmamento, né? Ficou melhor. Porque o tráfico, não tem como. Mas melhorou, agora estão escondidos. E a gente, pra lá e pra cá... Quem deve, não tem jeito. Eu não devo nada a ninguém, graças a Deus [liderança, Fazendinha].

Verificamos, então, que a percepção é no sentido de melhoria quanto à redução da violência armada, dos tiroteios permanentes, apontando para o sucesso da operação militar de conquista e ocupação de um território definido, mas que, por outro lado, trouxe novas formas de sociabilidade e impôs outras regras, com as quais os moradores não estavam acostumados a lidar. Entre essas imposições, podemos destacar a lei do silêncio, proibição de bailes e festas e regulamentação sobre mototáxis, outra questão que percebemos ao longo de nossa pesquisa e que aparece em outros estudos também.

A questão da regulamentação dos mototáxis foi abordada na pesquisa de Noelle Rezende e Moniza Ansari.[15] As pesquisadoras perceberam a pessoalidade do papel da UPP na regulamentação do mototáxi, assim como a constante ambiguidade na fala dos policiais sobre a regulação do serviço.

Perguntamos também sobre o lado ruim: "Na sua opinião qual seria, se algum, o principal problema que a presença da UPP trouxe para a comunidade, ou seja, qual o lado ruim da UPP?". A grande maioria dos entrevistados não soube dizer se haveria lado ruim, sendo 72% dos moradores do Cantagalo, 61% dos moradores do Vidigal e 76% dos moradores da Fazendinha. Entre os que apontaram problemas, os conflitos vindos da convivência com a polícia foram os mais citados, mencionados por 11% dos entrevistados, sendo 16% dos moradores do Cantagalo. No Vidigal há destaque para o aumento de furtos (citado por 10% dos moradores) e aumento dos preços (8% de menções). Nesse sentido, transcrevemos alguns trechos de entrevistas que realizamos com lideranças comunitárias.

> Antigamente as pessoas sabiam que tinha tráfico ali, pisou fora da bacia, tinha cobrança e hoje não tem mais, né? Hoje entrou a UPP, então hoje a gente está tendo muito caso de furto, entraram na casa de fulano e tal [liderança, Vidigal].

> [...] roubo na comunidade é de monte; eu dormia sempre com as minhas portas abertas, hoje a gente não pode dormir com porta aberta, hoje a gente não pode deixar uma roupa de marca na corda, um calçado secando. Se você sai você tem que trancar, quando você chega a sua porta está arrombada [liderança, Fazendinha].

---

[15] REZENDE, Noelle; ANSARI, Moniza. O mototáxi no Chapéu Mangueira e na Babilônia: um olhar sobre os impactos das ações de "pacificação". *Revista Iser*, Rio de Janeiro, v. 67, p. 106-117, 2012.

Gráfico 7 | O que a UPP trouxe de ruim para a comunidade (%)

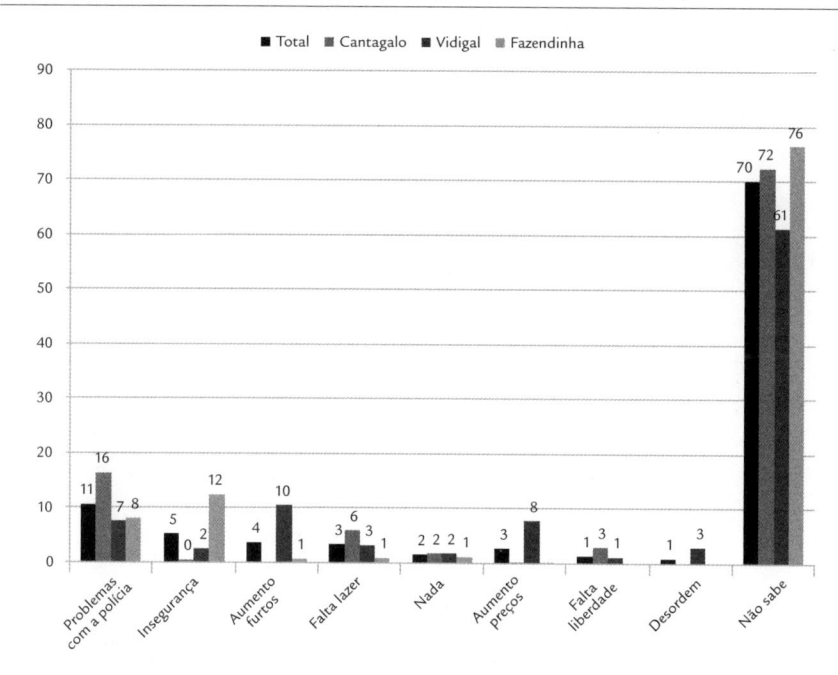

■ Total ■ Cantagalo ■ Vidigal ■ Fazendinha

Problemas com a polícia: 11, 16, 7, 8
Insegurança: 5, 0, 2, 12
Aumento furtos: 4, 10, 3, 1
Falta lazer: 3, 6, 3, 1
Nada: 2, 2, 2, 1
Aumento preços: 3, 8, 1
Falta liberdade: 1, 3, 1
Desordem: 1, 3
Não sabe: 70, 72, 61, 76

Base: 1.220 entrevistas.

Outro aspecto que abordamos em 2013 foi o da corrupção policial, devido à quantidade de casos noticiados na mídia.[16] "O(a) senhor(a) sabe ou ouviu falar sobre casos de corrupção dos policiais da UPP aqui na sua comunidade ou não?". No Cantagalo, 56% dos moradores afirmaram já terem visto ou ouvido falar algo sobre a corrupção dos policiais da UPP. Já no Vidigal e na Fazendinha, cerca de 25% dos moradores responderam afirmativamente a essa questão.

Cabe lembrar que, na mídia, não houve, até o final de 2013, nenhuma menção a suspeita ou investigação de corrupção policial no caso das UPPs estudadas aqui. O que há são notícias de conflitos entre moradores e policiais das UPPs. No Vidigal, as notícias tratam de confrontos entre moradores e UPP, sendo a truculência dos policiais denunciada,[17] havendo também notícias de

---

[16] Entre os casos noticiados na mídia, estão as UPPs da Mangueira e Coroa, Fallet e Fogueteiro.
[17] VALDEVINO, Diego. UPPs: policiais são acusados de agir com truculência. *O Dia*, Rio de Janeiro, 23 maio 2013. Disponível em: <http://odia.ig.com.br/noticia/rio/2013-05-23/upps-policiais-sao--acusados-de-agir-com-truculencia.html>. Acesso em: 10 fev. 2014.

confronto entre policiais e homens armados, e um caso de agressão a um menor.[18] No Cantagalo, há notícias sobre suspeitas de os militares serem "violentos e agirem com truculência na abordagem das pessoas"[19] e, ainda, relatos de confrontos recentes entre traficantes e a polícia.[20]

Gráfico 8 | Ouviu falar sobre casos de corrupção dos policiais da UPP na comunidade (%)

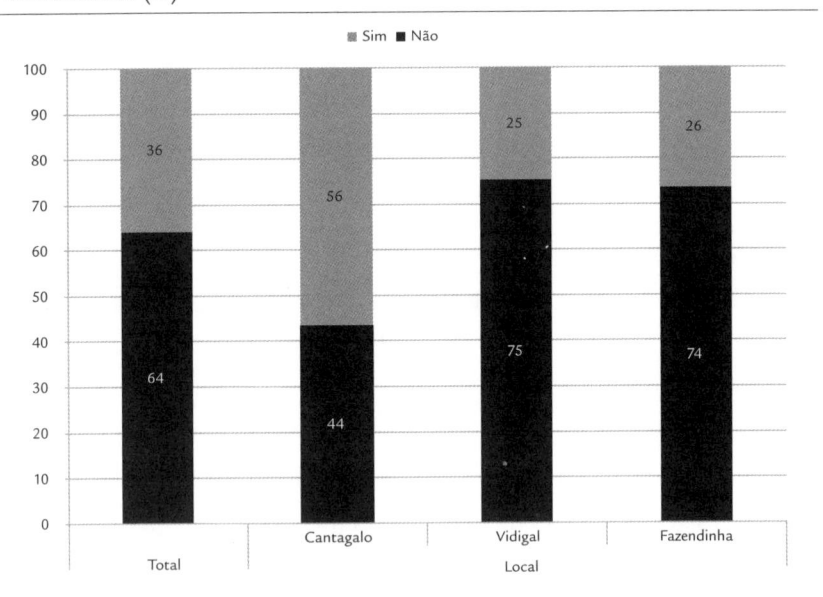

| Local | Sim | Não |
|---|---|---|
| Total | 64 | 36 |
| Cantagalo | 44 | 56 |
| Vidigal | 75 | 25 |
| Fazendinha | 74 | 26 |

Base: 1.220 entrevistas.

---

[18] BANDIDOS atacam PMs no Morro do Vidigal. *O Dia*, Rio de Janeiro, 2 jul. 2013. Disponível em: <http://odia.ig.com.br/noticia/rio-de-janeiro/2013-07-02/bandidos-atacam-pms-no-morro-do-vidigal.html>. Acesso em: 10 fev. 2014. Do mesmo modo, ADOLESCENTE acusa PMs do Vidigal de agressão. *O Dia*, Rio de Janeiro, 22 maio 2013. Disponível em: <http://odia.ig.com.br/noticia/rio/2013-05-22/adolescente-acusa-pms-do-vidigal-de-agressao.html>. Acesso em: 10 fev. 2014; POLICIAIS de UPP apreendem armas em casa usada por traficantes no Alemão. *O Dia*, Rio de Janeiro, 29 nov. 2012. Disponível em: <http://odia.ig.com.br/portal/rio/policiais-de-upp-apreendem-armas-em-casa-usada-por-traficantes-no-alem%C3%A3o-1.520688>. Acesso em: 10 fev. 2014; UPPs do Alemão reforçam patrulhamento após morte de traficante na comunidade. *R7*, Rio de Janeiro, 28 nov. 2012. Disponível em: <http://noticias.r7.com/rio-de-janeiro/noticias/unidades-da-policia-pacificadora-do-alemao-reforcam-patrulhamento-apos-morte-de-traficante-na-comunidade-20121128.html>. Acesso em: 10 fev. 2014.
[19] FISCALIZAÇÃO para UPP. *O Dia*, Rio de Janeiro, 17 maio 2012. Disponível em: <http://odia.ig.com.br/portal/rio/fiscaliza%C3%A7%C3%A3o-para-upp-1.441944>. Acesso em: 10 fev. 2014.
[20] EM IPANEMA clima ainda é tenso após morte de traficante do Cantagalo. *O Dia*, Rio de Janeiro, 19 jan. 2014. Disponível em: <http://odia.ig.com.br/noticia/rio-de-janeiro/2014-01-19/clima-ainda-e-tenso-em-ipanema-apos-morte-de-traficante-do-cantagalo.html>. Acesso em: 10 fev. 2014; APÓS TIROTEIO, policiamento é reforçado no Pavão-Pavãozinho e Cantagalo. *O Dia*, Rio de Janeiro. 15 jan. 2014. Disponível em: <http://odia.ig.com.br/noticia/rio-de-janeiro/2014-01-15/apos-tiroteio-policiamento-e-reforcado-no-pavao-pavaozinho-e-cantagalo.html>. Acesso em: 10 fev. 2014.

É interessante notar que, quando perguntamos sobre corrupção policial no Cantagalo, alguns fazem o paralelo com o projeto de policiamento de proximidade anterior, o Grupo de Policiamento em Áreas Especiais (GPAE). É constante essa comparação, mas no sentido de ressaltar as diferenças com a UPP, e a diferença é atribuída justamente à capacidade desta política atual de evitar a corrupção policial, mas ainda temem que algo nesse sentido possa vir a ocorrer e acabar com o projeto.

> Agora no começo o pessoal não acreditou muito, porque nós tínhamos aqui uma passagem pelo GPAE. O GPAE é um batalhão de polícia comunitária que até começou por aqui, porque a UPP começou no Santa Marta. Esse batalhão que foi o GPAE começou aqui e chegou em 14 comunidades, só que não andou. Ficou uns cinco anos por aí. Mas aí o trafico conseguiu comprar ele. Ele chegou com 40 homens aqui, não veio mais projeto, ficou amarrado naqueles 40 ali. Naquela época, nós era a favela mais violenta no Rio de Janeiro, tanto que foi a primeira a vim para cá, então você já viu, eles não tiveram expectativa porque o governo não veio com projeto para a gente, então ninguém veio, então ninguém acreditou naquilo, e depois o tráfico conseguiu comprar eles e pronto. A UPP chegou diferente, a UPP chegou com duzentos e poucos homens, aí ficou com uma estrutura maior, veio com comandante, que é um cara bem-estruturado, que ele veio da elite da polícia, que é o capitão Nogueira. Hoje em dia está lá na Mangueira, então ele chegou depois de umas três semanas veio aqui dizendo vim só visitar vocês, falar que a associação está livre... [liderança, Cantagalo].

Para avaliar a dimensão de convívio e aproximação entre população e polícia, investigamos a busca dos moradores pelo auxílio da polícia. Perguntamos aos entrevistados se eles, ou alguém de seu domicílio, já ligaram ou chamaram a polícia para denunciar um crime, fazer uma reclamação ou pedir qualquer tipo de ajuda. Apenas 5% deles responderam afirmativamente, sendo 6% nas favelas do Vidigal e da Fazendinha, e 2% no Cantagalo.

A grande maioria desses contatos se deu recentemente, depois de 2009, sendo que apenas 16% dos moradores que contataram a polícia o haviam feito pela primeira vez antes dessa data. Cerca de 64% contataram a polícia entre 2009 e 2012, e 20%, em 2013.

Gráfico 9 | Percentual que já contatou a polícia para denunciar crime, fazer reclamação ou pedir ajuda

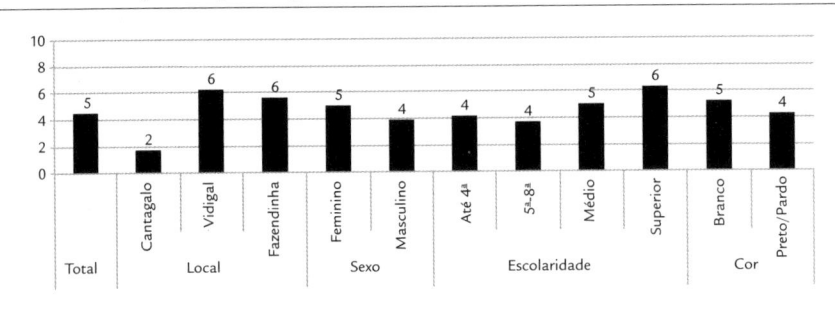

| Total | Local | | | Sexo | | Escolaridade | | | | Cor | |
|---|---|---|---|---|---|---|---|---|---|---|---|
| | Cantagalo | Vidigal | Fazendinha | Feminino | Masculino | Até 4ª | 5ª–8ª | Médio | Superior | Branco | Preto/Pardo |
| 5 | 2 | 6 | 6 | 5 | 4 | 4 | 4 | 5 | 6 | 5 | 4 |

Base: 1.220 entrevistas.

A avaliação que a maioria fez do atendimento foi positiva, sendo que a nota média numa escala de 0 a 10 é de 8,5 no Vidigal (com mediana 9) e 7,1 na Fazendinha (com mediana 7). Já no Cantagalo, a avaliação é ruim, com nota média de 4,1(mediana 5). O principal motivo da avaliação ruim do atendimento da polícia é a forma como foram por ela recebidos — a maioria dos entrevistados que deram nota menor ou igual a 5 disseram que a polícia tratou com desconfiança ou desrespeito o morador.

E os principais motivos que levaram ao acionamento da polícia foi problema com a vizinhança, seja por briga ou barulho, e violência doméstica. Pedidos de ajuda para transportar doentes ou levar ao hospital também foram mencionados. Cabe lembrar que nas entrevistas com os policiais e comandantes das UPPs nessas favelas, eles declararam que a grande maioria dos chamados recebidos pela polícia se dá em casos "assistenciais", ou seja, atendimentos que incluem a prestação de outros serviços, que não policiais, pelos agentes.

> São questões assim, por exemplo, é um alienado mental, ou é uma questão de condução de enfermo, é uma senhora grávida, que a gente tem que ajudar. Isto é comum. A maior parte de nossas ocorrências são essas. Tem uma parte de nossos

policiais que vivem, que são um pouco assim, escravos de estereótipo da polícia. E de uma polícia antiga, né? Porque a polícia do Rio de Janeiro está mudando e está se tornando mais polícia, porque o que nós vimos há um tempo atrás, é que devido às circunstâncias, não por falta de boa vontade dos policiais, muito pelo contrário, mas pelas devidas circunstâncias que o Rio de Janeiro enfrentava, a gente tinha uma polícia que agia com uma fração de tropa de forças armadas, porque a gente tinha um conflito de baixa intensidade, que necessitava que se agisse desta forma. Agora, a revolução, eu acho que posso usar até essa expressão, a revolução que a UPP trouxe mudou muito isso, e a gente hoje, o paradigma mudou. O policial está começando a entender que a polícia é muito mais do que isso. E ela tem que estar trabalhando esta questão assistencial, não só aquela questão da atividade-fim em que tange aquele estereótipo que eu falei, entre aspas, trocar tiro, enfim, prender alguém. Isso vai acontecer, porque é a nossa atividade-fim, mas vão acontecer outras coisas que a gente tem que agir, porque quando a gente está agindo, a gente está prevenindo que aconteçam aqueles problemas que nós temos que evitar na atividade-fim [UPP, Fazendinha].

A nossa estatística de cunho assistencialista à parturiente, pessoas de tudo quanto é tipo de enfermidade, precisando de algum transporte a gente presta o apoio também, dentro da viatura, à delegacia policial, à delegacia adjunta ou ao hospital também. Pediu ajuda a gente está fornecendo [UPP, Vidigal].

Ajudamos. Afinal de contas, polícia de proximidade, a gente como reduziu muito as ocorrências criminais vamos dizer assim, roubo aqui é quase zero, crimes tipo roubos, furto. Tem, mas são situações esporádicas, furto, aqui é muita ocorrência. Ápice: som alto, o ápice aqui é som alto [UPP, Cantagalo].

Vemos então uma distinção feita pelos policiais entre a atividade-fim (policiamento propriamente dito) e as atividades consideradas assistenciais, encaradas como um "desafio" a ser administrado pelos agentes. Esse desafio, como dissemos, acaba sendo tratado de diferentes formas, mas é descrito nas entrevistas como parte do trabalho dos policiais. A existência da UPP naquele espaço, então, mudou não só a sensação de segurança dos moradores, mas também a forma como os moradores se relacionam com os poderes públicos.

Quadro 1 | Motivo de ter procurado a polícia (%)

|  | Total | Cantagalo | Vidigal | Fazendinha |
|---|---|---|---|---|
| Barulho vizinho | 25 | 14 | 52 | - |
| Violência doméstica | 18 | - | 8 | 35 |
| Briga vizinho | 13 | 29 | 16 | 4 |
| Briga estranhos | 13 | - | 8 | 22 |
| Doença (ajuda) | 6 | - | 12 | - |
| Abuso autoridade policial | 5 | 29 | - | 4 |
| Invasão domicílio | 4 | 14 | - | 4 |
| Tráfico | 4 | 14 | 4 | - |
| Acidente carro | 2 | - | - | 4 |
| Drogas | 2 | - | 4 | - |
| Roubo/furto | 2 | - | - | 4 |
| Não lembra | 9 | - | - | 22 |

Base: 55 entrevistados que contataram a polícia.

Um aspecto que é importante destacar aqui é que, nas três favelas pesquisadas, as UPPs têm desenvolvido projetos de aproximação com as crianças das comunidades. Os comandos das UPPs veem nas crianças o potencial para mudar a imagem da polícia e construir um novo relacionamento.

> [...] quando [a favela] era dominada pelo tráfico, a gente não tinha uma expectativa, aquelas crianças vendo aquele negócio de gente andando com arma para lá e para cá, aquela coisa, as crianças iam imitando aquilo, as crianças achavam que aquilo que era o modelo a seguir. Aqui a maior dificuldade que a gente tinha justamente era com as crianças, porque não era um trabalho eventual, a gente com a gente, eu, ele e ela, não tem nenhum problema, mais essas crianças a gente tinha assim um grande problema entendeu? Então esse era o grande problema nosso [liderança, Cantagalo].

Muitas das crianças que passavam o dia inteiro na rua não passam mais. Os que são alunos de luta ficam o dia inteiro ali dentro do centro de lutas, querem ficar ali, sai da escola e vai para ali, os pais buscam à noite. Até mesmo crianças que já tinham problemas com os pais em casa, seja o pai são usuários de droga, ainda não conseguiram a clínica para estar reabilitando ele, então puxa ele, bota ele num projeto de música, pelo menos aqui ele está com a gente, bota ele no reforço escolar, vamos fazer este acompanhamento [UPP, Fazendinha].

Eu observo que as crianças, em específico o adolescente, mudou a visão da polícia que era repressiva, que vinha aqui para reprimir em específico, e hoje o policial vai apertar a mão dele, vai falar com ele, mudou um pouco, não é comum. Assim é comum você hoje perguntar para uma criança o que ela quer ser, ela fala que quer ser polícia, isso mudou assim extraordinariamente [UPP, Cantagalo].

## Fortalecimento de políticas sociais: respeito aos direitos de cidadania

Uma vez eliminada a condição de insegurança como barreira para o exercício pleno dos direitos de cidadania, espera-se que a UPP propicie uma ampliação no acesso dos moradores às instituições e serviços públicos, via regularização fundiária e urbanística, inclusão social e respeito aos direitos básicos de cidadania, como o direito à vida, à liberdade de ir e vir, acesso à saúde, educação etc.

Perguntamos aos moradores como eles sentem a influência da UPP no que se refere ao respeito aos seus direitos como cidadãos. Em 2011, quando fizemos essa pergunta aos moradores do Cantagalo, 57% disseram que o respeito havia melhorado, 26% não viam diferença alguma e, para 16%, havia piorado, pois estavam agora sob o jugo armado da polícia, vivendo restrições aos seus direitos de lazer, principalmente. Em 2013, quando pedimos que fizessem a mesma avaliação, 64% afirmam que o respeito a seus direitos de cidadania melhorou, 25% afirmam que está igual e 10% acreditam que piorou.

Gráfico 10 | Percepção com relação ao respeito aos direitos dos moradores após a vinda da UPP (%)

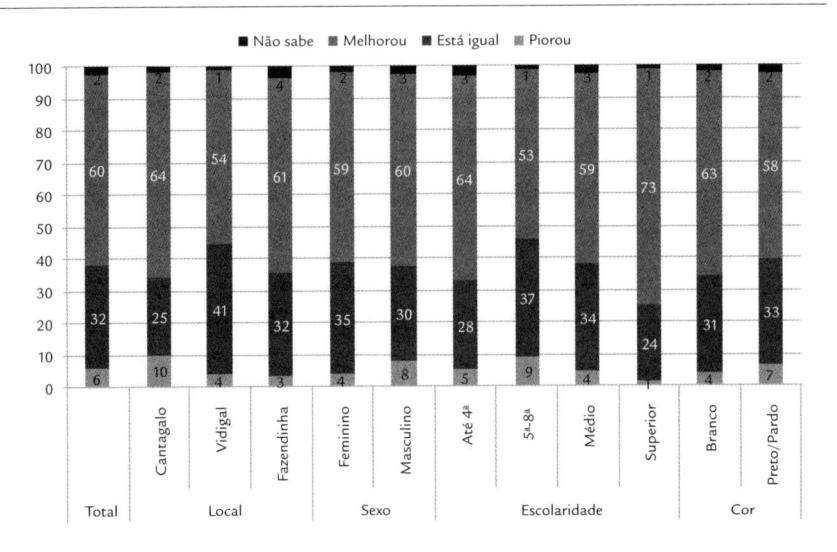

■ Não sabe  ■ Melhorou  ■ Está igual  ■ Piorou

| | Não sabe | Melhorou | Está igual | Piorou |
|---|---|---|---|---|
| **Total** | 6 | 32 | 60 | 2 |
| **Local** | | | | |
| Cantagalo | 10 | 25 | 64 | 2 |
| Vidigal | 4 | 41 | 54 | 1 |
| Fazendinha | 3 | 32 | 61 | 4 |
| **Sexo** | | | | |
| Feminino | 4 | 35 | 59 | 2 |
| Masculino | 8 | 30 | 59 | 3 |
| **Escolaridade** | | | | |
| Até 4ª | 5 | 28 | 64 | 3 |
| 5ª-8ª | 9 | 37 | 53 | 1 |
| Médio | 4 | 34 | 59 | 3 |
| Superior | 1 | 24 | 73 | 1 |
| **Cor** | | | | |
| Branco | 4 | 31 | 63 | 2 |
| Preto/Pardo | 7 | 33 | 58 | 2 |

Base: 1.220 entrevistas.

No caso do Vidigal, perguntamos aos moradores acerca da expectativa que tinham com a vinda da UPP. Para 44% dos moradores, a expectativa era de melhoria no respeito a seus direitos de cidadãos; para 15%, a expectativa era de piora, e 15% não sabiam o que esperar. Em 2013, um ano após a instalação da UPP, 54% avaliam que o respeito aos direitos melhorou, 41% não veem diferença, e 4% acreditam que houve piora — novamente o principal motivo da piora é a restrição às atividades de lazer. Na Fazendinha 61% dos moradores percebem melhoria, 32% acreditam que está tudo igual e 3% pensam que está pior.

E, por fim, solicitamos aos moradores que, levando em conta tudo o que a UPP traz de bom e de ruim, respondessem o que preferem: se a comunidade com ou sem UPP. A grande maioria (88%) dos entrevistados declarou preferir a presença da UPP. A adesão à política de pacificação só é um pouco menor entre os moradores de 18 a 24 anos, mas, ainda assim, a maioria desse grupo (77%) prefere a favela com a presença da polícia pacificadora.

Gráfico 11 | Preferência com relação à presença da UPP na comunidade (%)

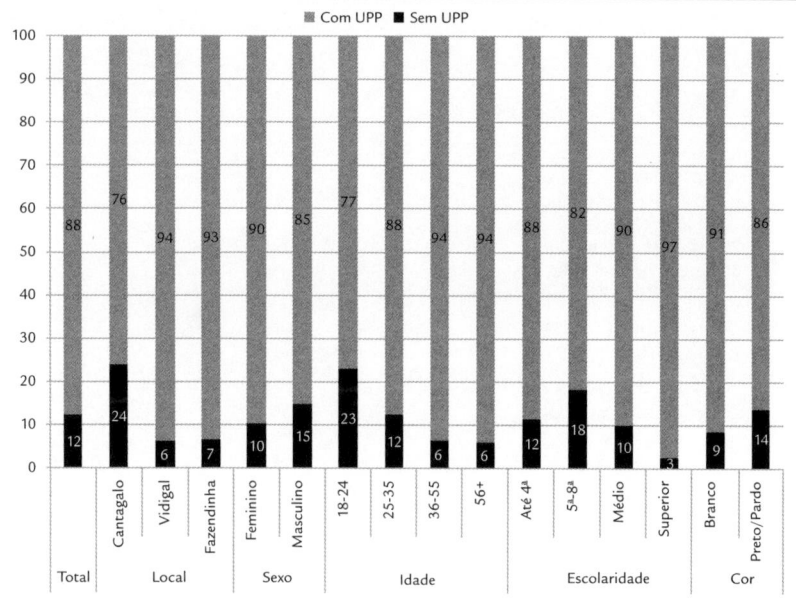

[Gráfico de barras - Com UPP / Sem UPP]

| Categoria | | Com UPP | Sem UPP |
|---|---|---|---|
| Total | | 88 | 12 |
| Local | Cantagalo | 76 | 24 |
| | Vidigal | 94 | 6 |
| | Fazendinha | 93 | 7 |
| Sexo | Feminino | 90 | 10 |
| | Masculino | 85 | 15 |
| Idade | 18-24 | 77 | 23 |
| | 25-35 | 88 | 12 |
| | 36-55 | 94 | 6 |
| | 56+ | 94 | 6 |
| Escolaridade | Até 4ª | 88 | 12 |
| | 5ª-8ª | 82 | 18 |
| | Médio | 90 | 10 |
| | Superior | 97 | 3 |
| Cor | Branco | 91 | 9 |
| | Preto/Pardo | 86 | 14 |

Base: 1.220 entrevistas.

A abordagem feita aos jovens, por parte dos policiais e, no caso do Complexo do Alemão, pelos militares, quando o Exército ocupou o território, antes da instalação da UPP, é descrita pelas lideranças comunitárias como mais incisiva e desrespeitosa.

> Porque era mais com os meninos, jovens, sabe como é jovem. E como os rapazes do Exército, a maioria também era jovens, aí não havia aquele respeito. Quando faltava luz, eles ficavam, "ah, vai morrer, não sei o quê". Aí os caras do Exército também ficavam falando [morador, Fazendinha].

Cabe lembrar que a abordagem policial seletiva sobre os jovens não é uma peculiaridade das favelas cariocas, nem do caso brasileiro,[21] mas a explicitação desse público como em permanente suspeição[22] deve ser levada em conta quan-

---
[21] FASSIN, Didier. *Enforcing order*: an ethnography of urban policing. Cambridge: Polity, 2013.
[22] LIMA, Roberto Kant de. Direitos civis e direitos humanos: uma tradição jurídica pré-republicana? *São Paulo em Perspectiva*, São Paulo, v. 18, n. 1, p. 49-59, jan./mar. 2004.

do se avalia a implementação de políticas públicas de segurança, e também demonstra a forma como se dá a atuação da polícia nesses territórios. Leite e Silva[23] focam nesse segmento populacional visto como o que mais resistiria ao modelo das UPPs e argumentam que, apesar de haver um sentimento generalizado entre os moradores das favelas de que com a pacificação a vida nessas localidades melhorou muito, as juventudes faveladas são as que se sentem menos atendidas pelos projetos oferecidos atualmente nas favelas.

Por fim, considerando as três localidades pesquisadas, o Cantagalo é a que apresenta a menor adesão, mas, ainda assim alta, com 76% do total de entrevistados afirmando preferir a favela com UPP. Embora a taxa de aprovação seja grande, é importante cruzarmos esse dado com a avaliação da população do Cantagalo sobre a UPP, que, como dissemos, era mais positiva em 2012. Tal mudança pode apontar para o fato de que, com a consolidação do projeto (uma vez que entre as favelas que pesquisamos o Cantagalo é a que tem a UPP mais antiga), embora a adesão continue alta, a avaliação positiva diminui. Talvez porque as expectativas sejam não apenas no sentido do controle do território, que tem sido, sim, um controle de sucesso, mas também na implementação de políticas sociais que promovam o bem-estar daqueles que vivem na favela, não mais oferecendo a eles serviços públicos diferenciados, como é o caso do policiamento das UPPs, mas quebrando a concepção de "cidade partida" e oferecendo a toda a população, da favela e do asfalto, os mesmos serviços e o acesso aos mesmos direitos, uma vez que a política das UPPs também aponta para a existência de três formas de conceber a relação entre a população e a ordem pública e social na Região Metropolitana: o da Zona Sul, respeitoso com os direitos dos cidadãos; o das favelas ocupadas, dito comunitário, e aquele oficioso, que depois da política das UPPs está restrito a áreas mais afastadas da região central da cidade.[24]

---

[23] LEITE, Márcia P.; SILVA, Luiz Antonio Machado da. "Circulação e fronteiras no Rio de Janeiro", 2012, op. cit.
[24] LIMA, Roberto Kant de. "Direitos civis e direitos humanos", 2013, op. cit.

# Considerações finais

Passados cinco anos da inauguração da experiência das UPPs, o balanço que podemos fazer, a partir dos casos aqui analisados, é de que essa política de segurança vem cumprindo, em alguma medida, a promessa de devolver a paz aos moradores das favelas, trazendo maior segurança, tranquilidade e previsibilidade ao seu cotidiano, e isso explica as taxas de adesão que as UPPs exibem, o que não deve ser tomado necessariamente como aprovação total à forma como essa política pública vem sendo implementada,[25] uma vez que, como dissemos, tal aprovação implicaria atendimento às expectativas dessas populações, que não têm sido tradicionalmente ouvidas em suas demandas.

De qualquer modo, é preciso reconhecer que as UPPs cumprem o objetivo de "consolidar o controle estatal sobre comunidades sob forte influência da criminalidade ostensivamente armada" e de "devolver à população local a paz e a tranquilidade públicas",[26] mas ainda têm deixado muito a desejar no aspecto de possibilitar o exercício da cidadania plena, que só pode ser exercida por meio da participação direta das pessoas envolvidas.[27]

A redução da aprovação da política de policiamento comunitário na favela do Cantagalo é um alerta, um "sinal amarelo" para se repensar a política, pois embora permaneça alta a taxa de adesão dos moradores, isto é, preferem a favela com UPP à favela sem UPP, eles começam a questionar os resultados alcançados, a forma de convivência com a polícia e o tratamento recebido da instituição. Assim, passada a euforia com o fim da "guerra" entre traficantes e a polícia e concluído o estabelecimento de um cenário mais "tranquilo", os moradores passam a avaliar a UPP de maneira negativa, diante do que não é feito. E o que não é feito diz respeito aos projetos sociais e também ao fim dos tratamentos diferenciados dispensados à população favelada. Outro aspecto de preocupação é o relato, por parte dos moradores, de casos de corrupção policial —

---

[25] SILVA, Luiz Antonio Machado da. "Afinal, qual é a das UPPs?", 2010, op. cit.
[26] RIO DE JANEIRO. Decreto nº 42.787, de 6 de janeiro de 2011: dispõe sobre a implantação, estrutura, atuação e funcionamento das Unidades de Polícia Pacificadora (UPP) no Estado do Rio de Janeiro e dá outras providências. Rio de Janeiro, *Diário Oficial do Estado do Rio de Janeiro*, 7 jan. 2011.
[27] LIMA, Roberto Kant de. "Direitos civis e direitos humanos", 2013, op. cit.

sendo esse relato mais frequente no Cantagalo, onde a experiência da UPP é mais antiga, comparada às duas outras favelas estudadas.

A cidade partida não acabou, uma vez que o próprio policiamento pensado para essas áreas é diferente. O que os moradores das favelas parecem estar dizendo com essa avaliação é que querem os mesmos direitos, a mesma polícia e os mesmos serviços que os moradores do asfalto.

## Referências

ADOLESCENTE acusa PMs do Vidigal de agressão. *O Dia*, Rio de Janeiro, 22 maio 2013. Disponível em: <http://odia.ig.com.br/noticia/rio/2013-05-22/adolescente-acusa-pms-do-vidigal-de-agressao.html>. Acesso em: 10 fev. 2014.

APÓS TIROTEIO, policiamento é reforçado no Pavão-Pavãozinho e Cantagalo. *O Dia*, Rio de Janeiro, 15 jan. 2014. Disponível em: <http://odia.ig.com.br/noticia/rio-de-janeiro/2014-01-15/apos-tiroteio-policiamento-e-reforcado-no-pavao-pavaozinho-e-cantagalo.html>. Acesso em: 10 fev. 2014.

BANDIDOS atacam PMs no Morro do Vidigal. *O Dia*, Rio de Janeiro, 2 jul. 2013. Disponível em: <http://odia.ig.com.br/noticia/rio-de-janeiro/2013-07-02/bandidos-atacam-pms-no-morro-do-vidigal.html>. Acesso em: 10 fev. 2014.

BARBOSA, Antonio Rafael. Considerações introdutórias sobre territorialidade e mercado na conformação das Unidades de Polícia Pacificadora no Rio de Janeiro. *Revista Brasileira de Segurança Pública*, São Paulo, v. 6, n. 2, p. 256-265, 2012.

BURGOS, Marcelo Baumann et al. O efeito UPP na percepção dos moradores das favelas. *Desigualdade & Diversidade*: revista de ciências sociais da PUC-Rio, Rio de Janeiro, n. 11, p. 49-98, ago./dez. 2012.

CANO, Ignacio et al. (Coord.). *Os donos do morro*: uma avaliação exploratória do impacto das Unidades de Polícia Pacificadora (UPPs) no Rio de Janeiro. Rio de Janeiro: Fórum Brasileiro de Segurança Pública, 2012. 227 p. Disponível em: <http://riorealblog.files.wordpress.com/2012/07/relatc3b3riofinalcaf13.pdf>. Acesso em: 20 dez. 2013.

CUNHA, Neiva Vieira da; MELLO, Marco Antonio da Silva. Novos conflitos na cidade: a UPP e o processo de urbanização na favela. *Dilemas*, Rio de Janeiro, v. 4, n. 3, p. 371-401, 2011.

EM IPANEMA clima ainda é tenso após morte de traficante do Cantagalo. *O Dia*, Rio de Janeiro, 19 jan. 2014. Disponível em: <http://odia.ig.com.br/noticia/rio-de-janeiro/2014-01-19/clima-ainda-e-tenso-em-ipanema-apos-morte-de-traficante-do-cantagalo.html>. Acesso em: 10 fev. 2014.

FASSIN, Didier. *Enforcing order*: an ethnography of urban policing. Cambridge: Polity, 2013.

FISCALIZAÇÃO para UPP. *O Dia*, Rio de Janeiro, 17 maio 2012. Disponível em: <http://odia.ig.com.br/portal/rio/fiscaliza%C3%A7%C3%A3o-para-upp-1.441944>. Acesso em: 10 fev. 2014.

FLEURY, Sonia. Militarização do social como estratégia de integração: o caso da UPP do Santa Marta. *Sociologias*, Porto Alegre, n. 30, p. 194-222, 2012.

INSTITUTO BRASILEIRO DE GEOGRAFIA E ESTATÍSTICA (IBGE). *Pesquisa Nacional por Amostra de Domicílios*: características da vitimização e do acesso à justiça no Brasil, 2009. Rio de Janeiro: IBGE, 2009.

LEITE, Márcia Pereira. Da metáfora da guerra ao projeto de pacificação: favelas e políticas de segurança pública no Rio de Janeiro. *Revista Brasileira de Segurança Pública*, São Paulo, v. 6, n. 2, p. 374-388, 2012.

_____; SILVA, Luiz Antonio Machado da. Circulação e fronteiras no Rio de Janeiro: a experiência urbana de jovens moradores de favela em contexto de "pacificação". In: CUNHA, Neiva Vieira da; FELTRAN, Gabriel de Santis (Org.). *Sobre periferias*: novos conflitos no Brasil contemporâneo. Rio de Janeiro: Lamparina, 2013. p. 146-158.

LIMA, Roberto Kant de. Direitos civis e direitos humanos: uma tradição jurídica pré-republicana? *São Paulo em Perspectiva*, São Paulo, v. 18, n. 1, p. 49-59, jan./mar. 2004.

_____. Antropologia, direito e segurança pública: uma combinação heterodoxa. *Cuadernos de Antropología Social*, Buenos Aires, n. 37, p. 43-57, jul. 2013. Disponível em: <www.scielo.org.ar/scielo.php?script=sci_arttext&pid=S1850-275X2013000100004&lng=es&nrm=iso>. Acesso em: 12 fev. 2014.

MENEZES, Palloma Valle. *Rumores e críticas em favelas "pacificadas"*: um estudo sobre como moradores e policiais avaliam as Unidades de Polícia Pacificadora. Buenos Aires: Clacso, 2013. Relatório. Disponível em: <http://biblioteca.clacso.edu.ar/subida/clacso/becas/20131231020717/Relatorio.pdf>. Acesso em: 12 fev. 2014.

OLIVEIRA, Fabiana Luci de. *UPPs, direitos e justiça*: um estudo de caso das favelas do Vidigal e do Cantagalo. Rio de Janeiro: FGV, 2012.

_____; ABRAMOVAY, Pedro Vieira. As UPPs e o longo caminho para a cidadania nas favelas do Rio de Janeiro. In: OLIVEIRA, Fabiana Luci de. *UPPs, direitos e justiça*: um estudo de caso das favelas do Vidigal e do Cantagalo. Rio de Janeiro: FGV, 2012. p. 123-148.

POLICIAIS de UPP apreendem armas em casa usada por traficantes no Alemão. *O Dia*, Rio de Janeiro, 29 nov. 2012. Disponível em: <http://odia.ig.com.br/portal/rio/policiais-de-upp-apreendem-armas-em-casa-usada-por-traficantes-no-alem%C3%A3o-1.520688>. Acesso em: 10 fev. 2014.

REZENDE, Noelle; ANSARI, Moniza. O mototáxi no Chapéu Mangueira e na Babilônia: um olhar sobre os impactos das ações de "pacificação". *Revista Iser*, Rio de Janeiro, v. 67, p. 106-117, 2012.

RIO DE JANEIRO (Estado). Decreto nº 42.787, de 6 de janeiro de 2011: dispõe sobre a implantação, estrutura, atuação e funcionamento das Unidades de Polícia Pacificadora

(UPP) no Estado do Rio de Janeiro e dá outras providências. Rio de Janeiro, *Diário Oficial do Estado do Rio de Janeiro*, 7 jan. 2011. Disponível em: <www.solatelie.com/cfap/html32/decreto_42787_06-01-2011.html>. Acesso em: 15 mar. 2013.

RODRIGUES, André; SIQUEIRA, Raiza. As Unidades de Polícia Pacificadora e a segurança pública no Rio de Janeiro. Unidades de Polícia Pacificadora: debates e reflexões. *Revista Iser*, Rio de Janeiro, v. 67, p. 9-52, 2012.

SILVA, Luiz Antonio Machado da. Afinal, qual é a das UPPs? *Observatório das Metrópoles*, Rio de Janeiro: 2010. Disponível em: <www.observatoriodasmetropoles.ufrj.br/artigo_machado_UPPs.pdf>. Acesso em: 2 fev. 2014.

SKOLNICK, Jerome H.; BAYLEY, David H. *Policiamento comunitário*: questões e práticas através do mundo. São Paulo: Edusp, 2002.

UPPs do Alemão reforçam patrulhamento após morte de traficante na comunidade. *R7*, Rio de Janeiro, 28 nov. 2012. Disponível em: <http://noticias.r7.com/rio-de-janeiro/noticias/unidades-da-policia-pacificadora-do-alemao-reforcam-patrulhamento-apos-morte-de-traficante-na-comunidade-20121128.html>. Acesso em: 10 fev. 2014.

VALDEVINO, Diego. UPPs: policiais são acusados de agir com truculência. *O Dia*, Rio de Janeiro, 23 maio 2013. Disponível em: <http://odia.ig.com.br/noticia/rio/2013-05-23/upps-policiais-sao-acusados-de-agir-com-truculencia.html>. Acesso em: 10 fev. 2014.

EPÍLOGO
# Cidadania e justiça nas favelas pós-"pacificação"

FABIANA LUCI DE OLIVEIRA

Buscamos retratar neste livro a situação atual do exercício da cidadania nas favelas pesquisadas (Vidigal, Cantagalo e Complexo do Alemão, nas comunidades reunidas pela UPP Fazendinha), com foco no acesso à justiça.

Abordamos uma série de dimensões da cidadania, concebida como acesso à justiça, e procuramos entender os efeitos que a política pública de segurança destinada a essas áreas tem provocado nessas dimensões. A metodologia adotada impõe algumas limitações à possibilidade de análise desses efeitos, que devem ser lidos não como conclusões precisas, e sim como indícios — em alguns aspectos mais robustos, em outros menos, mas sempre úteis para a compreensão das demandas não atendidas por cidadania e justiça.

Ao longo da pesquisa, identificamos uma série de indícios positivos da "pacificação", não sem pontuar também suas ambiguidades, problemas e limitações, e afirmamos que só levar segurança não basta para realizar a promessa de inclusão dos moradores das favelas à cidade e aos direitos de cidadania, embora esta seja uma etapa fundamental.

Garantir os direitos civis mais básicos dos moradores das favelas, como o direito à liberdade de ir, vir e permanecer nas favelas com segurança é condição *sine qua non* para que os demais direitos possam ser acessados. E essa garantia tem sido apenas parcialmente dada. A segurança nas favelas pesquisadas melhorou, mas ainda há melhorias para serem alcançadas nessa área, sobretudo no relacionamento da polícia com os moradores.

E, sobretudo, como vimos, é necessário ainda atender a uma série de demandas ligadas à qualidade de vida, com foco nos direitos sociais; à urbanização e segurança da moradia; à cultura jurídica, com foco no conhecimento de direitos e instituições de garantia de direitos; nos mecanismos de resolução e gestão de conflitos; no acesso às instituições formais de justiça, e mesmo na segurança pública, embora esta seja a área mais bem-coberta atualmente, ainda que a partir de uma política de segurança pública que segrega asfalto e favela, no sentido de que é direcionada apenas aos moradores dessas comunidades.

No que diz respeito à qualidade de vida, ou seja, às percepções sobre como é viver nessas favelas "pacificadas", a principal conclusão é de que os moradores ganharam mais tranquilidade e previsibilidade em comparação ao que tinham antes, e que a urbanização e a regularização de serviços começam a chegar até eles, ainda que com problemas. Água, saneamento, arruamento e lixo são os problemas mais recorrentes. Os moradores apontam as diversas melhorias que têm percebido, fazendo referência às obras do PAC, mas não deixam de pontuar que não há planejamento, que construções e obras recém-entregues apresentam problemas, sejam canos que não dão vazão à demanda de água, sejam calçadas esburacadas, construções trincadas, entre outros. E questionam se os serviços que recebem têm a mesma qualidade do serviço entregue nos bairros desta ainda "cidade partida". É marcante a percepção de que não há o mesmo tratamento por parte dos entes públicos entre moradores do asfalto e da favela.

Mas morar nas favelas não são só agruras. Os moradores costumam destacar a localização privilegiada, a beleza das paisagens das suas comunidades e o ambiente como qualidades. Destacam ainda que a recuperação do território e da paz, percepção por eles marcadamente citada, estaria contribuindo para diminuir o estigma da favela e atrair mais turistas, empresas e pessoas interessadas em viver ou fazer negócios nessas áreas. Se por um lado apreciam isso, por outro temem o aumento do custo de vida e a assustadora "expulsão branca", diante do aumento do valor dos imóveis tanto para aluguel quanto para compra, atemorizando principalmente os moradores com menor condição de se adaptarem à regularização — os mais pobres e com menor escolaridade.

A maioria dos moradores dessas favelas é de classe baixa, pobre, e da "nova classe média", incluída no meio da pirâmide socioeconômica principalmente pela via do consumo. Mas o aumento da capacidade de consumo não leva necessariamente a uma inclusão social maior. Esses moradores têm consumido mais, mas não conhecem bem seus direitos de consumidor, assim como seus direitos mais básicos, as instituições a que podem recorrer e caminhos que podem percorrer para reivindicar e fazer valer seus direitos positivados na Constituição — Constituição que também a maioria desconhece.

Outro ponto acerca da cultura jurídica nas favelas que nos chamou atenção diz respeito ao discurso dos direitos humanos. Se no senso comum os direitos humanos têm sido associados aos direitos "dos bandidos", a grande maioria dos moradores das favelas, quando ouve falar de direitos humanos, pensa logo nos políticos e nos ricos, a quem seriam assegurados tais direitos. Essa situação contribui para formar um círculo vicioso: aqueles que mais têm os direitos humanos desrespeitados desconhecem tais direitos e os mecanismos para sua reivindicação.

Há tanto o desconhecimento de direitos quanto o desrespeito a direitos nessas favelas — como vimos, embora menos de um quinto dos moradores afirmem ter vivenciado situação de desrespeito a seus direitos no último ano, quando os estimulamos a avaliarem aspectos específicos referentes a situações de violação de direitos sociais e civis, mais de três quintos reconhecem ter passado por alguma dessas situações.

O quadro de desconhecimento de direitos e das instituições de garantia de direitos só muda quando olhamos para os moradores com maior escolaridade, reforçando o que já é sabido, mas que precisa ser enfatizado, para que se possa pensar em concretizar alguma mudança: o único caminho possível para a cidadania e o acesso à justiça nessas favelas é o da educação. É primordial haver reforço e direcionamento das políticas públicas da UPP social e demais intervenções realizadas nesses espaços.

Voltamos a ressaltar que as UPPs têm cumprido em parte a promessa de levar mais tranquilidade, quanto à segurança, aos moradores, mas que só segurança não basta. E essa política de segurança precisa ser aperfeiçoada no que tange o tratamento dado à população local. Não podemos ignorar os relatos de desrespeito e violência policial nas favelas "pacificadas". E nem desconhecer as reivindicações das populações locais, que reclamam e precisam ser ouvidas.

Os moradores reconhecem que o Estado está mais presente nessas áreas, mas, ao apontarem os ainda gritantes déficits de infraestrutura e urbanização nas favelas, indicam que a presença do Estado é insuficiente para "o exercício da cidadania plena que garanta o desenvolvimento tanto social quanto econômico", como lemos no art. 1º, §2º, alínea "b", do Decreto nº 42.787/2011, que dispõe sobre a implementação das UPPs.

O que verificamos é que os moradores das favelas continuam a se sentir marginalizados frente à precariedade dos serviços e à incompletude da cidadania que chega até eles. A UPP traz, sim, algumas melhorias, os próprios moradores reconhecem, mas não sem recear pelo seu presente, dadas as ausências que persistem, sobretudo no aspecto urbanístico e social, e pelo seu futuro, com o fim dos grandes eventos e com o que pode vir a acontecer com essa política de segurança. Ela apresenta falhas, mas não pode cessar antes de cumprir suas "promessas" de levar não apenas paz, mas também desenvolvimento econômico e social a esses territórios. A ruptura das dicotomias favela × bairro, morro × asfalto, tão marcantes na paisagem e no imaginário cariocas, parece processar-se apenas no plano formal. Enquanto isso, a cidade segue partida em seus aspectos simbólico e social.

## Fotos

Assim como na primeira rodada da pesquisa, para este livro convidamos moradores das favelas estudadas envolvidos com fotografia para participarem da publicação, trazendo sua visão sobre os locais que habitam. Solicitamos a esses moradores, fotógrafos, que transmitissem, através do olhar impresso em suas fotografias, a experiência de viver no Vidigal, no Cantagalo e no Complexo do Alemão, na área da UPP Fazendinha, desde a chegada das UPPs.

Felipe Paiva privilegiou as paisagens do Vidigal, que atraem muitos turistas à favela, e também enfatizou a criatividade dos moradores. Trouxe, ainda, a capacidade de mobilização da comunidade, retratando as mulheres da Amar, associação voltada ao combate da violência contra a mulher, e o primeiro presidente da Associação dos Moradores do Vidigal, que lutou com a comunidade pelo direito de permanência na área, contra remoções, assim como o início de uma manifestação organizada pelos moradores. Nas cores da fotografia de Felipe, vemos a mistura nos tons de pele da favela e a pluralidade do cenário, entrecortado por verde e tijolos, formando uma paisagem heterogênea.

Joyce Pires fotografou a rotina de convivência entre moradores e policiais da UPP, dando destaque também aos problemas de infraestrutura e urbanização, como os becos estreitos e o lixo. No preto e branco de suas fotos, vemos a vida entrelaçada à paisagem, assim como a dicotomia na mistura e separação entre cidade e favela.

Além de mostrar o problema do acúmulo de lixo, Michelle Liberato retratou o clima de "interior" e "fazenda" que predomina nessa área do Complexo do Alemão, onde os moradores ainda utilizam carroça como meio de transporte. Trouxe também o "*boom* de gringo" que agora visita a favela, o lazer dos moradores, representado na "pelada" entre as crianças, e a sociabilidade da praça, parte da vida em comunidade.

# Vidigal

Por Felipe Paiva, 28 anos, morador do Vidigal desde os três anos de idade. Felipe é formado em fotografia documental, no curso "Fotógrafo Comunitário", oferecido pela Associação Esportiva ONG Horizonte, em 2007.

Moradores da Rocinha e do Vidigal se encontram e caminham pela avenida Niemeyer em mais um dia de intensas manifestações ocorridas ao longo de 2013.

Vista da rua 25 de Novembro, parte alta da Favela do Vidigal.

Rua Dr. Olinto de Magalhães, mais conhecida como "Rua Nova", localizada na área nobre do Vidigal.

Um dos muitos traços da indústria criativa brota nas vielas do Vidigal. "Minimercearia Sê Tu uma Benção". Localidade conhecida como 25 de Novembro (parte alta do Vidigal).

Com uma das mais belas vistas da cidade, o Vidigal é destino certo para os estrangeiros que curtem misturar a paisagem natural com a da favela (localidade conhecida como "Pedra do Seu Vitor", no meio do Vidigal).

Sede da Amar (Associação de Mulheres de Ação e Reação). Além de combater a violência contra a mulher, atua na área de psicoterapia. Localizada na Associação de Moradores do Vidigal.

Sr. Armando de Almeida Lima, um dos líderes da resistência da favela. Primeiro presidente da Associação de Moradores do Vidigal. Localidade conhecida como "Pedrinha".

# Cantagalo

Por Joyce Pires, 18 anos, moradora do Cantagalo. Joyce é formada em fotografia no curso "Por Trás das Câmeras", oferecido pela Universidade The New School, no Solar Meninos de Luz em 2009.

Na entrada da ONG Criança Esperança, policiais se encontram e conversam em frente à sede da UPP do Cantagalo e Pavão-Pavãozinho.

Policiais no Quebra (região baixa do Cantagalo, mais próxima do bairro de Ipanema) tomam sacolé e conversam enquanto moradores circulam pela região.

A área do Cantagalo mais conhecida como "Travessia" transformou-se em ponto de entulhos e acúmulo de lixo.

A foto mostra como são estreitos os becos e caminhos e a curta distância entre uma casa e outra.

Jovem morador do Vietnã (área mais alta do Pavão-Pavãozinho) preparando a linha da pipa no final de uma tarde de domingo.

Vista do Vietnã em um domingo de pipa no céu.

Vista da quinta estação do bondinho do Pavão-Pavãozinho mostra a mistura e a separação entre a favela e a cidade.

## Complexo do Alemão (área da UPP Fazendinha)

Por Michelle Beff Liberato, 29 anos, nascida no Complexo do Alemão. Embora já fotografasse antes, começou a estudar fotografia em 2011, quando entrou para o Foto Clube Alemão (FCA), que é um projeto de saídas fotográficas registrando o cotidiano do Complexo do Alemão.

Moradores em momento de lazer na praça da rua Antônio Austregésilo, praça da Vila Paloma, na antiga Vila Paloma, na parte correspondente ao bairro de Inhaúma.

A UPP instalada na praça, na Antiga Vila Paloma, localizada na rua Austregésilo, a mais importante da Fazendinha, foi inaugurada em abril de 2012 e fica próxima ao bairro de Inhaúma.

No Inferno Verde, região que pode ser acessada pela rua Canitar, no bairro de Inhaúma, carroça ainda é utilizada como meio de locomoção.

Um dos problemas da Fazendinha ainda é o lixo. Sítio próximo ao "Campo do Seu Zé", localizado entre a Fazendinha e as Palmeiras.

Com a obra do teleférico, turistas de todas as partes do mundo visitam a comunidade, gerando renda para moradores. Foto tirada na estação Palmeiras do teleférico, última estação da obra, que virou ponto turístico e tem visão de 360 graus do Complexo do Alemão.

Futebol, lazer da criançada na quadra da Fazendinha, localizada em frente à saída do teleférico. Nos sábados à tarde, os meninos jogam bola nesse local.

## Autoras

FABIANA LUCI DE OLIVEIRA

Doutora em ciências sociais pela da Universidade Federal de São Carlos (UFS-Car). Fez pós-doutorado no Departamento de Ciência Política da Universidade de São Paulo (USP) e especialização em metodologia de pesquisa na Universidade de Michigan, nos Estados Unidos. É professora do Departamento de Sociologia da UFSCar e pesquisadora colaboradora do Centro de Justiça e Sociedade (CJUS) da FGV Direito Rio.

## Coautoras

MARIA TEREZA AINA SADEK

Doutora em ciência política, professora do Departamento de Ciência Política da Universidade de São Paulo (USP) e diretora de pesquisa do Centro Brasileiro de Estudos e Pesquisas Judiciais (Cebepej).

IZABEL SAENGER NUÑEZ

Doutoranda em antropologia pela Universidade Federal Fluminense (UFF). Bacharel em direito pela Pontifícia Universidade Católica do Rio Grande do

Sul (PUC-RS). Mestre em sociologia e direito pela UFF. É pesquisadora do Centro de Justiça e Sociedade (CJUS) da FGV Direito Rio e do Instituto Nacional de Estudos Comparados em Administração Institucional de Conflitos (INCT-InEAC).

PAULA SPIELER

Doutoranda em teoria e filosofia do direito pela Universidade do Estado do Rio de Janeiro (Uerj). Mestre em relações internacionais e graduada em direito pela Pontifícia Universidade Católica do Rio de Janeiro (PUC-Rio). Professora e pesquisadora do Centro de Justiça e Sociedade (CJUS) da FGV Direito Rio.

TÂNIA ABRÃO RANGEL

Mestre em direito privado pela Universidade de Franca e em direito empresarial pela Universidade Francisco de Vitoria (Madri, Espanha). Professora e pesquisadora do Centro de Justiça e Sociedade (CJUS) da FGV Direito Rio.